LA NOUVELLE
CUISINIÈRE BOURGEOISE.

DE L'IMPRIMERIE DE CHAIGNIEAU JEUNE,
Rue Saint-André-des-Arcs, n°. 42.

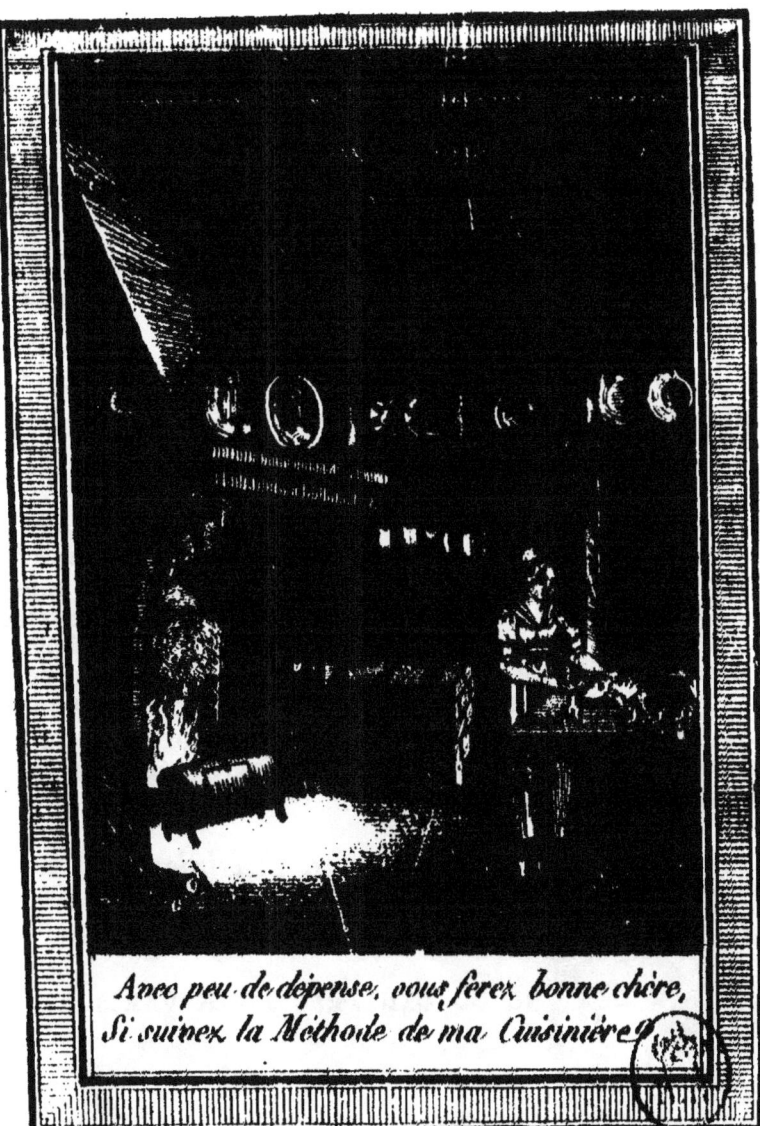

*Avec peu de dépense, vous ferez bonne chère,
Si suivez la Méthode de ma Cuisinière.*

LA NOUVELLE
CUISINIÈRE BOURGEOISE,

CONTENANT,

1°. Outre les recettes générales et particulières propres à faire une bonne cuisine à peu de frais, l'art de découper toutes sortes de viande, de volaille et de gibier ;

2°. Celui de trousser la volaille et le gibier ;

3°. La manière de servir une table de huit, douze, seize et vingt couverts ;

4°. De faire et confectionner toute espèce de confitures au prix le plus modéré ;

SUIVIE

De LA BONNE MÉNAGÈRE DE LA VILLE ET DES CHAMPS qui enseigne les moyens propres à élever la volaille, à faire le beurre et le fromage, à conserver les légumes, les fruits ; composer les vinaigres, les ratafias, les pâtes et toutes les boissons économiques; terminé par la Cuisinière économique, enseignant les diverses qualités de Pommes de terre, la manière de les conserver, et de les accommoder de trente-six façons différentes avec la plus stricte économie, précédée d'un Appendix sur la manière de faire et d'orthographier les divers mémoires de la comptabilité domestique.

Par l'Auteur du Parfait Cuisinier.

TROISIÈME ÉDITION.

1 FRANC 80 CENTIMES POUR PARIS.

A PARIS,

CHEZ { DAVI et LOCARD, Libraires, rue de Seine, n°. 54, faub. St.-Germain, vis-à-vis les Deux Magots; PIGOREAU, Libraire, place St.-Germain-l'Auxerrois. PHILIPPE, Libraire, sur le Pont-Neuf.

Mai. 1816.

AVERTISSEMENT.

Depuis quelques années on a publié un grand nombre d'ouvrages sur la cuisine; mais tous ces dispensaires, excellens pour la table de l'homme opulent, ne sont d'aucune utilité pour la cuisine du bourgeois et du particulier dont les revenus sont médiocres. C'est donc rendre un service essentiel à la classe la plus nombreuse de la société, que de publier un petit ouvrage sur la cuisine, dans lequel on trouve les diverses façons de préparer et d'arranger un mets agréable, sans faire beaucoup de dépenses.

3e édit.

AVERTISSEMENT.

Avec notre livre, une cuisinière de bourgeois apprendra tout ce qui lui est nécessaire de savoir, même dans les occasions où il s'agira de se signaler par un repas aussi délicat que bien servi.

CUISINIÈRE BOURGEOISE.

POTAGES.

Tout le monde sait que le bouillon est la base de presque toutes les soupes et de tous les potages, et qu'il ne peut s'obtenir qu'avec la viande la plus fraîche. Les morceaux qu'on doit préférer pour sa confection, sont la tranche, la culotte, les charbonnées, le milieu du trumeau, le bas de l'aloyau et le gîte à la noix.

Potage ou soupe au pain.

Après avoir mis dans la soupière des croûtes bien préparées, versez-y du bouillon en suffisante quantité pour les faire tremper. Au moment de servir votre potage, versez-y du bouillon afin que votre pain baigne à l'aise. Couronnez-le de légumes. Évitez sur-tout de faire bouillir le bouillon avec le pain, parce que cela ôte la qualité du bouillon.

Potage aux choux.

Après avoir fait blanchir un chou ou la moitié d'un chou avec un morceau de petit lard coupé en tranches, tenant à la couenne, ficelez le tout, mais chacun à part; alors faites-les cuire dans une petite marmite avec du bouillon. Quand votre chou et votre petit lard sont cuits, faites mitonner le potage avec une partie de ce bouillon et des croûtes de pain. Servez les choux autour du potage avec le petit lard, ou simplement les choux par-dessus. Salez très-peu le bouillon, à cause du petit lard.

Les potages aux racines, aux navets, se font de même. Le céleri veut être blanchi plus long-temps.

Potage aux carottes nouvelles.

Coupez des carottes rouges en petits bâtons; faites-les blanchir, ensuite vous les mettrez dans du bouillon, et les ferez bouillir jusqu'à ce qu'elles soient cuites; au moment de les servir, versez-les dans votre soupière, où vous avez mis tremper votre pain, comme au potage à la bourgeoise.

Potage à la citrouille.

Pour une pinte de lait, prenez un quartier d'une moyenne citrouille dont vous ôtez la peau et tout ce qui tient après les pepins; coupez la citrouille par petits morceaux, et mettez-la dans une marmite avec de l'eau, et faites cuire jusqu'à ce qu'elle soit réduite en marmelade, et qu'il ne reste plus d'eau; mettez-y un petit morceau de beurre et un peu de sel. Faites-lui faire encore quelques bouillons; faites bouillir ensuite une pinte de lait, dans lequel vous mettrez ce que vous croirez convenable de lait; versez le lait sur la citrouille; prenez le plat que vous devez servir, arrangez-y du pain tranché, mouillez-le avec votre bouillon de citrouille, couvrez le plat, et mettez-le sur un peu de cendres chaudes pendant un quart-d'heure, pour laisser au pain le temps de tremper. Faites attention qu'il ne bouille pas. En servant, versez-y le restant de votre bouillon bien chaud.

Soupe à l'oignon.

Épluchez des oignons, coupez-les en deux, en les débarrassant de la tête et de la queue, pour éviter l'âcreté. Avant de mettre vos oignons coupés en lames dans votre casserole, faites-y fondre un morceau de beurre plus ou moins gros, suivant la quantité de votre soupe. Faites frire votre oignon jusqu'à ce qu'il soit blond; mettez ensuite de l'eau suffisante pour votre potage, dans lequel vous jeterez du sel et du poivre fin; cela fait, vous le laisserez bouillir environ un quart-d'heure. Versez votre bouillon sur le pain, et servez.

Potage aux petits oignons blancs.

Faites blanchir les oignons, ôtez-leur la première peau; faites-les cuire à part dans une marmite; quand ils sont cuits, faites-en un cordon au bord du plat où vous devez servir le potage; pour le faire tenir, mettez sur les bords du plat des filets de pain trempés dans du blanc d'œuf; mettez le plat sur un fourneau pour que le pain s'attache; servez-vous de ces filets pour faire tenir les garnitures du potage.

Julienne.

Prenez des carottes, des navets, des poireaux, des panais et autres racines, que vous coupez en filets de la grosseur d'une demi-ligne sur huit ou dix lignes de longueur, les oignons en deux et puis en tranches. Passez ces racines au beurre pour les faire revenir, mettez-y ensuite les laitues, les herbes et le cerfeuil; que le tout soit bien revenu; mouillez avec du bouillon, faites bouillir à petit feu pendant une heure environ, jusqu'à ce que le tout soit bien cuit; préparez votre pain, et versez votre julienne dessus.

Brunoise.

Les légumes dont on se sert pour ce potage sont les mêmes que ceux pour la julienne, à la seule différence qu'il faut les couper en dés, concasser l'oseille et la laitue; passez les racines au beurre, ainsi que les poireaux et les herbes, le tout ensemble; mouillez avec du bouillon, et trempez comme pour le potage au pain.

Potage à la jardinière.

Coupez des carottes et des navets en petits bâtons; ayez deux laitues, de l'oseille et du cerfeuil émincés. Faites revenir le tout dans du beurre, et mouillez ensuite avec du bouillon; ajoutez-y une poignée de petits pois et de pointes d'asperges. Ces légumes étant bien cuits, dégraissez-les bien et versez-les sur des croûtes de pain.

Potage aux herbes, maigre.

Épluchez une poignée d'oseille, de cerfeuil, et une laitue; lavez et égoutez le tout dans une passoire; vous l'émincez bien fin et le passez au beurre; faites ensuite cuire un litre de haricots blancs dans de l'eau, et avec ce bouillon mouillez vos herbes; faites une purée de la moitié de ces haricots que vous joignez dans votre potage; lorsqu'il a bouilli pendant quelques minutes, retirez-le du feu, liez-le avec quatre jaunes d'œufs et un quarteron de beurre frais; assaisonnez-le d'un bon goût, et versez-le sur le pain émincé.

Potage au riz.

Prenez du riz suivant la quantité de potage que vous devez servir, c'est-à-dire un quarteron pour quatre assiettes; lavez-le à l'eau tiède trois ou quatre fois en le frottant avec les mains; faites-le cuire à petit feu pendant trois heures environ, avec du bouillon ou du jus de veau. Quand il est cuit, dégraissez-le, et servez-le ni trop épais ni trop liquide.

Potage au vermicelle.

Ayez du bouillon, que vous passerez au tamis de soie, en proportion de votre potage; faites-le bouillir; lorsqu'il bouillira, vous y mettrez votre vermicelle de manière qu'il n'y soit pas en paquet. Retirez-le du feu après qu'il aura bouilli un quart-d'heure, afin qu'il ne soit pas trop crevé, et que votre potage soit bien net ; prenez garde qu'il ne soit épais. Une livre suffit pour quinze personnes.

Vermicelle au lait.

Mettez le vermicelle dans votre lait bouillant, et remuez-le assez vivement pour qu'il ne se mette pas en pâte ; que votre potage soit d'un bon sel ou d'un bon sucre. Une demi-heure suffit pour faire crever le vermicelle.

Potage à l'eau.

Mettez dans une marmite un quartier de chou, quatre racines, deux panais, six oignons, un pied de céleri, une petite racine de persil, quatre navets ; faites un paquet avec de l'oseille, poirée, cerfeuil, que vous ficelez ensemble, un demi-litron de pois que vous liez dans un linge blanc ; faites bouillir tous ces légumes avec de l'eau pendant trois heures ; passez ce bouillon dans un tamis, et mitonnez votre potage après avoir mis dans le bouillon le sel qu'il lui faut ; garnissez le potage avec les légumes qui sont dans la marmite.

Potage à la française.

Faites frire des croûtons dans le beurre jusqu'à ce qu'ils soient blonds ; faites une purée avec des pois nouveaux ; mouillez-la ensuite avec du bouillon, jusqu'à ce qu'elle soit claire ; vous y ferez fondre un morceau de beurre au moment de la servir, et gros comme une noix de sucre ; versez-la en même temps sur vos croûtons ; que votre purée soit d'un bon sel.

Potage aux navets.

Préparez vos navets comme vous avez préparé vos carottes (voyez *Potage aux carottes*); mettez-les dans le beurre jusqu'à ce qu'ils soient un peu revenus. Après cette opération vous les égoutez, et les disposez comme votre potage aux carottes.

Potage à la purée de lentilles.

Faites cuire un litron de lentilles à la reine avec du bouillon, une demi-livre de petit lard, deux carottes et cinq oignons émincés et roussis avec du beurre. Lorsqu'elles sont cuites, passez-les dans une étamine à l'aide de bon bouillon, et vous aurez une purée claire. Faites-la ensuite mijoter dans une casserole avec au feu dessus ; au moment de servir, dégraissez-la, et versez-la sur des croûtes de mie de pain passées au beurre ; mettez-y, pour le rendre plus agréable, gros comme une noix de sucre.

Potage à la semoule.

Mettez dans une casserole du bouillon que vous aurez eu soin de passer auparavant au tamis, pour le dégager de ses parties hétérogènes et trop grasses ; quand il bouillira, versez votre semoule dedans, et tournez-le avec une cuiller, afin d'empêcher la semoule de s'agglomérer en grumeaux ; retirez-la du feu après une demi-heure, si elle se trouve assez cuite ; dégraissez votre potage, et employez les procédés en usage pour lui donner une belle couleur.

Panade.

Prenez la mie d'un pain tendre de deux livres ; mettez-la dans une casserole avec une pinte d'eau, sel, poivre et un quarteron de beurre frais ; vous la placerez sur un fourneau un peu ardent, et la remuerez avec une cuiller de bois, afin qu'elle ne s'attache pas au fond ; lorsqu'elle sera réduite comme une sauce, vous la retirerez du feu et la lierez avec trois jaunes d'œufs. On peut aussi faire une panade avec de la mie de pain rassis.

DISSECTION DES VIANDES, OU L'ART DE DÉCOUPER.

On ne doit point considérer l'art de découper comme une connaissance dont puisse se dispenser un cuisinier, et même un maître ou une maîtresse de maison : cet art était regardé par nos ancêtres comme si essentiel, qu'il faisait, chez les hommes bien nés et chez les gens riches, le complément d'une bonne éducation. Sa pratique entre nécessairement dans les attributions d'un Amphitrion, et ajoute singulièrement à l'agrément de la bonne chère, au coup-d'œil et même à la bonté réelle d'un festin.

De la dissection du bœuf.

Le bouilli doit toujours se couper en travers, afin que la viande se trouve courte ; mais, avant cette opération, il faut dépouiller le morceau de ses os, de ses nerfs et de sa graisse superflue ; on coupera les tranches un peu minces, qu'on couronnera chacune d'une petite portion de graisse.

Comme les os sont la partie la plus délicate de la poitrine, il faut s'attacher à les bien diviser, et l'on en servira un par portion.

On doit suivre, pour *le bœuf à la mode*, les mêmes principes, à l'exception qu'on le coupera de manière que les lardons soient en travers.

Quant à l'aloyau, on commence par diviser le filet, lequel se coupe en travers, et par rouelles plus ou moins épaisses.

La tranche se coupe en travers, ainsi que la langue.

Le trumeau, qui est une chair courte et pleine de cartilages, doit être bien cuit, et se servir à la cuiller.

De la dissection du veau.

Pour découper un carré de veau, levez d'abord le filet, que vous coupez en morceaux de diverses grosseurs et grandeurs ; ensuite divisez les côtes.

La tête de veau, qu'on préfère généralement bouillie, se mange avec une sauce piquante servie à part, ou même simplement au vinaigre ; les morceaux les plus distingués sont d'abord les yeux, ensuite les bajoues, puis les tempes, puis les oreilles, enfin la langue, que l'on met sur le gril, panée, et sous une sauce appropriée. On sert, avec chacun des morceaux ci-dessus désignés, une portion de la cervelle qu'on puise dans le crâne, dont la partie supérieure a dû être enlevée avant d'être servie sur table ; on sert les yeux avec la cuiller ; on coupe proprement les bajoues, les tempes et les oreilles ; on ne porte jamais le couteau dans la cervelle.

La noix, les fricandeaux, les ris se servent toujours à la cuiller.

De la dissection du mouton.

Il y a deux manières de couper un gigot de mouton. La première, c'est, tenant le manche de la main gauche, de couper perpendiculairement les tranches, depuis la jointure jusqu'aux os du filet, ensuite la souris ; puis, retournant le gigot, détacher les parties de derrière.

La deuxième consiste, en tenant toujours le manche de la main gauche, à couper horizontalement à-peu-près comme on rabote une planche, en observant que les morceaux doivent être extrêmement minces.

On peut appliquer à l'épaule ce que nous avons dit du gigot ; on la peut également couper, soit en tranches, soit horizontalement.

Le carré de mouton se coupe et se sert absolument de la même manière que le carré de veau.

De la dissection du cochon.

La hure commence à se servir, en coupant du côté des oreilles jusqu'aux bajoues ; le chignon se sert après, par petites tranches minces.

Le carré, le filet, l'échinée se coupent par petites tranches minces et en travers.

Le jambon se coupe par petites tranches en travers, toujours du gras et du maigre.

Le sanglier se coupe et se sert comme le cochon.

De la dissection du cochon de lait.

On le sert presque toujours rôti ; vous commencez par couper la tête, les deux oreilles ; vous séparez la tête en deux, ensuite vous coupez l'épaule gauche, la cuisse gauche, l'épaule droite et la cuisse droite ; vous levez après la peau, pour la servir toute croquante ; les jambes, les côtes, les morceaux près du cou sont des endroits très-délicats ; l'épine du dos se coupe en deux ; le côté des côtes qui y reste attaché se sert par petits morceaux.

Le marcassin se coupe et se sert comme le cochon de lait.

De la dissection de l'agneau et du chevreau.

Ces deux animaux se dissèquent à-peu-près de même, et un quartier de chevreau se coupe selon les mêmes principes qu'un quartier d'agneau. Après avoir coupé le quartier, ou plutôt la bête presque entière, en deux parties égales en leur longueur, on divise chaque quartier, soit en côtelettes, soit en doubles côtelettes ; on sépare les deux cuisses, et l'on coupe les gigots par tranches.

À l'égard du chevreuil, on n'en sert qu'un quartier, et jamais les deux ensemble.

De la dissection de la volaille et du gibier.

Les principales parties de la volaille sont le cou, les deux ailes, les deux cuisses, l'estomac, le croupion, la carcasse.

Les poulets, chapons, poulardes se dissèquent en prenant l'aile de la main gauche, ou avec une fourchette ; on prend de la main droite le couteau pour couper la jointure de l'aile, et on achève de la main gauche en tirant l'aile ; ensuite, vous levez du même côté la cuisse, en donnant un coup de couteau dans les nerfs de la jointure, et vous la tirez de la même façon avec la main gauche. La même opération se pratique pour l'autre côté ; vous coupez ensuite l'estomac, la carcasse et le croupion ; on divise chaque cuisse en deux, chaque aile en trois ; on laisse les blancs entiers, et on tâche de faire six morceaux bien séparés de la carcasse et du croupion.

L'oie, servie sur le dos, se coupe en filets formés de la chair des ailes et de l'estomac, jusque vers le croupion ; on lève ainsi huit filets, composant autant de lanières.

Le canard rôti se découpe comme l'oie, en

aiguillettes, que l'on multiplie le plus possible, aux dépens des ailes et même des cuisses.

La bécasse et la bécassine se découpent comme les volailles ordinaires, c'est-à-dire, qu'on en lève les ailes, les cuisses, et qu'on sépare ensuite le croupion et la carcasse.

Quant à la perdrix et aux perdreaux, ils se coupent comme la plupart des volailles.

Le faisan rôti se coupe absolument comme la poularde.

Le pigeon rôti, quand il est gros, peut se couper en quatre, autrement on ne le coupe qu'en deux portions, dont l'une, composée des deux ailes, est le chérubin, et l'autre, dont les deux cuisses font partie, est la culotte. Il arrive quelquefois qu'on les coupe longitudinalement, de façon que chacune des deux moitiés renferme la cuisse et l'aile.

Le lièvre et le levraut, le lapin et le lapereau, se coupent à peu de choses près de même.

Le lièvre ne s'y sert que des trois quarts, qui tiennent le milieu entre le lièvre et le levraut. On le sert piqué ou bardé : la partie la plus délicate est le rable, que l'on coupe depuis l'épaule jusqu'à la naissance de la cuisse, ensuite l'os du rable. On coupe en forme d'entonnoir la partie supérieure et charnue des cuisses ; on lève ensuite avec dextérité le morceau du chasseur, qui est la queue, avec un peu de chair adhérente.

BŒUF.

Le bœuf est la base principale d'une cuisine: sans lui point de bouilli, point d'aloyau, point de bouillon, point de jus, point de coulis. Les diverses parties de son corps, transformées en autant de mets, sont d'un produit aussi nourrissant qu'utile, comme nous allons les détailler.

Bœuf bouilli.

Prenez une culotte de bœuf, ou seulement une partie, suivant la quantité de personnes que vous traitez; désossez et ficelez-la; mettez-la dans une marmite avec les débris ou parures de vos viandes de boucherie, bœuf, veau, mouton; ajoutez-y les carcasses, pattes et cous de volaille et gibier dont vous avez levé les chairs pour vos entrées; placez cette marmite sur un feu modéré, non pleine d'eau entièrement, et écumez-la doucement; après qu'elle aura un peu bouilli, vous y mettrez du sel, deux navets, six carottes, six oignons, dont un piqué de trois clous de girofle, un bouquet de poireaux; menez-la doucement jusqu'à parfaite cuisson; après quoi vous tirerez votre pièce de la marmite, et la servirez, soit avec du persil vert en branches, soit avec une sauce hachée, ou une garniture d'oignons et de légumes.

Bœuf en miroton.

Coupez votre bœuf, cuit dans la marmite, de la veille, en tranches fort minces ; mettez, dans le plat sur lequel vous devez le servir, deux cuillerées de coulis, avec de l'oignon, du persil, de la ciboule, des câpres, des anchois, une petite pointe d'ail ou d'échalottes, le tout haché très-fin ; ajoutez-y du sel et du gros poivre ; arrangez dessus vos morceaux de tranches de bœuf, et assaisonnez-les par-dessus comme vous avez fait par-dessous ; couvrez votre plat, et faites bouillir à petit feu sur un fourneau, pendant une demi-heure ou trois quarts-d'heure, et servez à courte sauce.

Bœuf à la mode.

Ayez un morceau de tranche de bœuf de cinq à six livres, plus ou moins, que vous piquerez également de lard bien frais ; prenez une casserole dans laquelle vous mettrez un bon verre de vin blanc, du petit lard coupé en morceaux, des échalottes et de la ciboule hachées bien menu, de petits oignons entiers et des lames de carotte, du gros poivre et un peu de sel ; mettez votre tranche sur cet apprêt dans la casserole, que vous placerez sur un feu doux, ayant grand soin sur-tout que votre casserole soit bien bouchée ; faites bouillir ou mijoter pendant cinq à six heures, après quoi vous le préparez sur un plat, et le servez avec tout son assaisonnement.

Filet de bœuf piqué, à la broche.

Vous le dégraissez et le parez proprement; vous le piquez de lard par-dessus, aux deux extrémités, et laissez le milieu sans être piqué; faites-le mariner pendant plusieurs jours avec de l'huile, oignons, persil, jus de citron, canelle; vous le trousserez en forme d'une S ou en rond, et le ferez cuire à la broche, d'une belle couleur; mettez alors dessous la sauce que vous jugerez la meilleure pour relever votre bœuf.

Hachis de bœuf à la française.

Hachez très-fin quatre oignons, et les mettez dans une casserole avec un peu de beurre; passez-les sur le feu jusqu'à ce qu'ils soient presque cuits; mettez-y une bonne pincée de farine que vous remuez jusqu'à ce qu'elle soit d'une couleur dorée; mouillez avec du bouillon, un demi-verre de vin, sel, gros poivre; laissez bouillir jusqu'à ce que l'oignon soit cuit, et qu'il n'y ait plus de sauce; mettez-y du bœuf haché; faites-le bouillir pour qu'il prenne goût avec l'oignon : en servant mettez-y une cuillerée de moutarde, ou un filet de vinaigre.

Langue de bœuf en paupiettes.

Prenez une langue de bœuf dont vous ôtez le cornet, et faites-la blanchir un demi-quart-d'heure à l'eau bouillante; mettez-la cuire dans le pot au feu jusqu'à ce que la peau puisse s'enlever, elle ne gâtera point votre bouillon;

ôtez-en la peau, et mettez-la refroidir; coupez-la en tranches minces, dans toute sa largeur et sa longueur; couvrez chaque morceau avec de la farce de godiveau ou autre farce de viande, de l'épaisseur d'un petit écu; passez un couteau trempé dans l'œuf sur la farce; roulez-les ensuite, et les embrochez dans un attelet; après avoir mis à chacune une petite barde de lard, faites-les cuire à la broche; quand elles seront presque cuites, jetez de la mie de pain sur les bardes; faites-leur prendre une couleur dorée à feu clair, et servez-les avec une sauce piquante dessous.

Pièce de bœuf garnie de choux.

Coupez deux ou trois choux par quartiers; après les avoir lavés et fait blanchir, rafraîchissez-les; ficelez-les; mettez-les dans une marmite; mouillez-les avec du bouillon; ajoutez quelques carottes, deux ou trois oignons, dont un piqué de trois clous de girofle, une gousse d'ail, du laurier, du thym; de plus, pour que vos choux soient bien savoureux, ajoutez-y le fond de votre marmite; laissez-les mijoter trois ou quatre heures; égouttez-les sur un linge blanc; pressez-les pour en faire sortir la graisse, en leur donnant la forme d'un rouleau à pâte; alors, dressez-les autour de votre pièce; masquez-la, ainsi que vos choux, avec une espagnole réduite, et servez.

Terrine à la paysanne.

Après avoir coupé de la tranche de bœuf en

petites tranches, du petit lard maigre, du persil, des ciboules hachées, des fines épices et du laurier, prenez une terrine, faites-un lit de bœuf, un lit de petit lard, un peu d'assaisonnement, et à la fin, une cuillerée d'eau-de-vie et deux cuillerées d'eau : faites cuire sur de la cendre comme le bœuf à la mode, après avoir bien bouché la terrine ; quand il est cuit, dégraissez, et servez dans la terrine.

De la culotte de bœuf.

La culotte de bœuf, qui sert à faire de bons potages, paraît avec honneur sur une table de financier ou de banquier. Elle se sert au naturel, sortant de la marmite. Quand elle est bien dégagée de sa graisse et de son bouillon, on peut verser dessus une sauce, faite avec du coulis, des câpres, une pointe d'ail, le tout haché et assaisonné de bon goût. On peut encore la servir garnie de petits pâtés.

Culotte de bœuf au four.

Désossez une culotte de bœuf de la grosseur que vous croirez convenable ; lardez-la avec de gros lard, assaisonnez-la de sel et de fines épices ; mettez-la dans une casserole proportionnée à sa grandeur avec une chopine de vin blanc ; bouchez-la bien avec un couvercle, et enduisez les bords avec de la pâte ; mettez-la cuire au four pendant cinq ou six heures, suivant sa grosseur, et servez-la avec sa sauce bien dégraissée.

Une culotte de bœuf se met encore en ballon,

en fumée, en pâté chaud et froid, à la broche, piquée de gros lard avec de fines herbes.

Bœuf à l'écarlate.

Prenez une demi-livre de cassonnade, deux onces de sel marin, une once de salpêtre, une livre de sel commun, et après les avoir mêlés ensemble, fourrez-les dans une poitrine de bœuf, que vous mettez dans une marmite de terre. Vous tournerez cela tous les jours. Vous pouvez laisser mariner pendant une quinzaine. Ensuite, faites bouillir, et servez sur table avec du chou de Savoie, ou de la laitue pommée, ou des légumes, ou de la purée de pois. Ce bœuf se mange volontiers froid, et se présente ordinairement sur table coupé par tranches.

Palais de bœuf en blanquette.

Nétoyez douze palais de bœuf, que vous ferez cuire dans un blanc; au bout de cinq ou six heures, égouttez-les, coupez-les par morceaux, et parez-les très-légèrement ; faites ensuite clarifier et réduire quelques cuillerées de coulis blanc, et, au moment de servir, incorporez dans cette réduction un quarteron de bon beurre, et un peu de jus de citron, faisant attention sur-tout de ne pas la laisser bouillir, car elle tournerait en huile; mettez-y vos palais de bœuf, bien égoutés et bien chauds, et dressez le tout proprement sur un plat.

Noix de bœuf à la bourgeoise.

Faites ensorte que votre noix soit bien découverte; comme la viande en est sèche, vous aurez soin de la piquer de gros lardons bien assaisonnés; ficelez-la ensuite, et servez-la avec des oignons, et autres garnitures que vous jugerez les plus propres à l'améliorer.

De la tranche de bœuf.

On se sert de la tranche de bœuf pour tirer du jus, faire d'excellens potages, du bœuf à la royale; lardez-la de gros lard manié avec du persil, de la ciboule, champignons, une pointe d'ail haché, sel et poivre; faites-la cuire à petit feu dans son jus; ajoutez-y une cuillerée à bouche d'eau-de-vie, quand elle est cuite; servez-la froide.

Cœur de bœuf à la poivrade.

Ayez un cœur de bœuf que vous couperez en tranches, et que vous ferez mariner pendant plusieurs jours, comme le filet de bœuf piqué; au moment de servir, faites-le griller, et mettes dessous une sauce à la poivrade.

Queue de bœuf en hochepot à la bourgeoise.

Coupez une queue de bœuf par morceaux, de joint en joint; faites-la blanchir et cuire dans du bouillon, assaisonnée de légumes et d'épices; égoutez ensuite votre queue; dégraissez le fond, et passez-le au tamis; remettez-la dans ce même fond, avec des carottes en bâtonnet et blanchies; lorsque les carottes sont bien cuites et la sauce réduite, ajoutez-y quelques cuillerées de coulis.

Langue de bœuf aux cornichons.

Après avoir fait dégorger votre langue, faites-la blanchir pendant une demie-heure; mettez-la ensuite rafraîchir; lorsqu'elle sera refroidie, vous la parerez; prenez des lardons que vous assaisonnerez avec du sel, du gros poivre, des quatre épices, du persil et des ciboules, hachés très-menus; piquez votre langue avec ces lardons assaisonnés, et faites-la cuire dans une casserole, dans laquelle vous jeterez quelques bardes de lard, quelques tranches de veau et de bœuf, des carottes, des oignons, du laurier, du thym et plusieurs clous de girofle; mouillez votre cuisson avec du bouillon; laissez cuire votre langue à petit feu pendant quatre heures; au moment de la servir, vous ôtez la peau de dessus; ayez du coulis roux dans lequel vous mettrez des cornichons bien hachés.

Poitrine de bœuf au naturel.

Après avoir désossé votre poitrine jusqu'au tendon, vous la ficelez, et vous la rendez bien potelée; vous la faites cuire ensuite, et la servez avec du persil ou des légumes, comme vous le jugerez à propos.

Entre-côte au jus.

Prenez la côte de bœuf qui se trouve sous le paleron, en la préparant de manière qu'il ne reste que l'os de la côte, que vous décharnerez; battez-la ensuite pour l'amortir, et trem-

pez votre côte dans de l'huile ou du beurre;
après l'avoir assaisonnée de sel et poivre, faites-
la griller de manière qu'elle ne brûle pas, mais
qu'elle cuise à petit feu; selon l'épaisseur de
votre côte, il faut une demi-heure ou trois
quarts-d'heure; quand elle est cuite à son degré, mettez des cornichons hachés dans du
coulis roux clarifié, et le versez sur l'entre-
côte; si vous le jugez à propos, vous mettrez
à la place une cuillerée de jus.

Gras-double à la bourgeoise.

Prenez du gras-double cuit à l'eau; après
l'avoir bien nétoyé, coupez-le de la grandeur
de quatre doigts, et le faites mariner avec sel,
poivre, persil, ciboules, une pointe d'ail, le
tout haché, un peu de graisse, ou du beurre
frais fondu; faites tenir tout l'assaisonnement
au gras-double pané de mie de pain, et le
faites griller; servez avec une sauce au vinaigre.

Gras-double à la sauce Robert.

Coupez de l'oignon en dés, que vous passez
sur le feu avec un peu de beurre; quand il est
à moitié cuit, mettez-y du gras-double cuit
à l'eau et coupé en carré, assaisonné de sel,
poivre, d'un filet de vinaigre, d'un peu de bouillon; laissez bouillir une demi-heure environ;
avant de servir, mettez-y un peu de moutarde.

Rognon de bœuf à la parisienne.

Coupez votre rognon par filets minces,

BOURGEOISE.

faites-le passer sur le feu avec un morceau de beurre, sel, poivre, persil, ciboules, une pointe d'ail, hachés menus; quand il est cuit, mettez-y un filet de vinaigre, un peu de coulis, et ne le laissez plus bouillir, de crainte qu'il ne se racornisse.

On peut encore le servir cuit à la braise, avec une sauce piquante, ou une sauce à l'échalotte.

VEAU.

Le veau se prête à toutes les préparations de la cuisine. Dans le veau tout se mange, excepté les sabots et une partie de la peau : il offre le plus délicieux rôti que la gastronomie puisse présenter aux gourmets.

Tête de veau au naturel.

Coupez les mâchoires de votre tête, que vous faites dégorger pendant une nuit entière dans l'eau; après quoi faites-la blanchir et cuire dans un blanc. Quand la tête est bien cuite, faites-la égouter; découvrez la cervelle; servez-la avec une sauce piquante, ou une poivrade, ou une ravigote, etc.

Fraise de veau à la française.

Faites dégorger votre fraise dans de l'eau froide; mettez-la dans un chaudron d'eau bouillante; quand elle a bouilli un bon quart-d'heure à-peu-près, replongez-la dans l'eau froide; après qu'elle est entièrement refroidie, vous la ficelez et vous la mettez cuire dans un blanc (voyez *Blanc*). Il faut deux heures pour cuire votre fraise : la sauce piquante est la seule qu'on emploie pour relever la fraise, qui est très-fade par elle-même.

Foie de veau à la bourgeoise.

Coupez un foie de veau en tranches que vous mettez dans une casserole, avec de l'échalotte, du persil et de la ciboule hachés et un morceau de beurre; passez-les sur le feu et mettez-y une petite pincée de farine; mouillez avec un verre de vin blanc, du sel et du gros poivre; délayez trois jaunes d'œufs avec deux cuillerées de verjus, et lorsqu'il va commencer à bouillir, vous le retirez du feu, et vous liez avec trois jaunes d'œufs.

Ris de veau.

Les ris de veau sont un manger délicieux, réservé pour la bouche des heureux de la terre; ils ont en outre le privilège justement mérité d'entrer dans une infinité de ragoûts, auxquels ils donnent une saveur recherchée par les gourmets les plus renommés de la capitale.

On les fait dégorger dans le l'eau tiède, on les fait blanchir un demi-quart-d'heure dans de l'eau bouillante, et on les met dans tels ragoûts que l'on juge à propos.

Ris de veau piqués.

Faites dégorger et blanchir quatre ou cinq beaux ris de veau; piquez-les de lard par-dessus, et faites-les cuire au four dans une bonne réduction pendant trois quarts-d'heure; glacez-les d'une belle couleur, et mettez-les sur de l'oseille ou de la chicorée à la crème, ou sur une sauce aux tomates.

Ris de veau aux fines herbes.

Hachez très-fin du persil, une petite pointe d'ail, deux échalottes et quelques champignons; maniez le tout avec gros comme la moitié d'un œuf de bon beurre, sel fin, gros poivre; prenez quatre ris de veau; mettez-les dans une casserole avec quelques bardes de lard par-dessus, un demi-verre de vin blanc, autant de bon consommé; faites-les cuire à petit feu, qu'ils ne fassent que mijoter; quand ils seront cuits, dégraissez la sauce qui doit être courte; incorporez-la dans un peu de coulis clarifié, et versez sur les ris de veau. Vous pouvez, si vous voulez, les servir aussi dans une caisse.

Épaule de veau.

Ordinairement on la fait rôtir; à cet effet, on l'embroche sous le manche, en faisant passer la broche dans la palette; deux heures suffisent pour la cuire à son point.

Quelques personnes la servent avec une sauce à l'échalotte.

Cervelles de veau en marinade.

Délayez trois poignées de farine avec un verre d'eau tiède, dans laquelle vous ferez fondre comme une noix de beurre; assaisonnez de sel, et mettez deux jaunes d'œufs et les blancs fouettés; faites cuire vos cervelles dans une marinade; coupez-les en quatre, et trempez-les à mesure dans cette pâte pour les faire frire; lorsqu'elles auront pris une belle couleur, vous les égouterez, et les dresserez sur un plat avec du persil frit par-dessus.

Cervelles de veau au beurre noir.

Prenez trois ou quatre cervelles; après les avoir bien épluchées, faites-les dégorger pendant plusieurs heures; ayez une casserole d'eau bouillante, dans laquelle vous jetez une petite poignée de sel et un demi-verre de vinaigre; mettez vos cervelles blanchir à l'eau bouillante pendant cinq minutes; vous les retirez et les laissez refroidir dans cette eau, afin qu'elles soient bien fermes. Vous les faites cuire dans une bonne marinade pendant trois quarts-d'heure, et, au moment de servir, mettez du beurre noir et du persil frit autour.

Pour faire votre beurre noir, mettez une demi-livre de beurre dans une casserole à côté d'un fourneau, de manière qu'il chauffe assez pour noircir; il faut avoir bien soin de ne pas l'écumer, car c'est précisément cette écume qui le fait noircir; faites ensuite réduire un verre de vinaigre blanc, avec toutes sortes d'aromates, girofle, sel, gros poivre et échalottes en tranches; réduit aux trois quarts, vous versez votre beurre dessus, en le tirant à clair; passez ensuite le tout à l'étamine, et servez-vous-en pour ce que vous jugez à propos.

Langues de veau à la sauce piquante.

Prenez sept langues, que vous ferez dégorger et blanchir ensuite pendant un quart-d'heure; vous les rafraîchissez; vous les piquez de lardons bien assaisonnés; vous les mettez cuire dans une braise, avec quelques carottes, des oignons, des clous de girofle, du thym, du laurier, et plein une cuiller à pot de bouillon; vous les laisserez cuire sur le feu pendant trois heures, plus ou moins; ôtez la peau de dessus, glacez-les et versez dessus une sauce piquante.

Fricandeau.

Levez la noix d'un cuissot de veau; faites en sorte que ce soit un veau femelle, afin que cette noix soit couverte de graisse appelée tétine; piquez-la dans le sens de la viande avec de gros lardons de lard bien assaisonné; vous l'enveloppez de lard et la mettez dans une braisière avec toutes sortes de légumes et un bon bouquet; mouillez-la avec du bon consommé, et la faites bouillir pendant quatre heures; vous la dépouillez de son lard et la mettez ensuite dans une autre braisière, en dégraissant son fond, et en le passant par-dessus avec un tamis de soie ; vous le faites ainsi réduire sur un fourneau un peu vif, et lorsque cette réduction est un peu liée, vous la retournez de toutes les façons pour lui donner une couleur égale ; vous la servez sur de l'oseille ou de la chicorée à la crème, ou avec ce que vous jugez à propos.

Oreilles de veau à l'italienne.

Échaudez huit oreilles de veau ; flambez-les ; faites-les blanchir et rafraîchissez-les ; faites-les cuire dans un blanc, ou autrement ; foncez une casserole de bardes de lard ; mettez-y ces oreilles avec un bouquet de persil et de ciboules assaisonné, et quelques tranches de citron ; mouillez avec du consommé et un demi-verre de bon vin blanc ; couvrez vos oreilles de bardes de lard ; mettez dessus un rond de papier beurré ; après les avoir fait cuire une heure et demie, vous les égoutez, vous les essuyez, et vous ciselez les bouts comme vous feriez d'une ciboule ; dressez-les et servez dessous une sauce à l'italienne (voyez *Sauce à l'italienne*).

Côtelettes de veau en papillotes.

Coupez vos côtelettes un peu minces, et mettez-les dans des carrés de papier blanc, avec sel, poivre, persil, échalottes, le tout haché très-fin et du beurre ; tortillez le papier autour de la côtelette, et laissez sortir le bout ; huilez le papier en dehors ; faites-les cuire à petit feu sur le gril, après avoir mis une feuille de papier huilé dessous les côtelettes ; servez avec le papier qui les enveloppe.

Poitrine de veau farcie.

Coupez le bout des os des côtes qui se trouvent dans votre poitrine, faites une incision entre la peau et les côtes ; alors, mettez entre cette peau et les côtes telle farce de viande que vous jugerez à propos ; cousez la peau, afin que la farce ne puisse s'extravaser ; servez-la avec telle sauce ou ragoût de légumes que vous croirez convenables, comme à la farce, aux laitues, aux petits pois, aux cornichons, aux racines, etc.

Carré de veau.

Il s'emploie de plusieurs manières ; on le coupe par côtes ; on ôte les os du bas, et on laisse la côte ; il se sert aussi cuit sur le gril, comme les côtelettes de mouton.

Carré de veau à la bourgeoise.

Parez un carré de veau, et piquez le filet avec des lardons de lard assaisonnés d'un bon goût et de fines herbes ; mettez-le dans une braisière avec une carotte et un oignon en tranches, et un bouquet garni ; mouillez-le avec une cuiller à pot de consommé, couvrez-le de bardes de lard, et faites-le cuire pendant deux heures et demie ; vous le changez de braisière et vous passez son fond par-dessus, lequel vous faites réduire à courte sauce, afin que le carré de veau glace d'une belle couleur ;

vous le servez sur de la chicorée ou de l'oseille, ou avec ce que vous jugez à propos.

Casis de veau à la bourgeoise.

Mettez du beurre dans une casserole, avec votre casis, des carottes, des oignons, un peu de laurier, et deux verres de bouillon ; faites mijoter le tout pendant deux heures environ, et servez-le avec des légumes.

On le sert quelquefois à la broche.

Blanquette de veau.

Dans une cuisine bourgeoise, du restant d'un carré de veau ou d'une longe, servis la veille, on fait ordinairement une blanquette qui se prépare de la manière suivante :

On taille en petits morceaux, comme des pièces de deux sols, ce qui reste du morceau ; on fait clarifier et réduire deux cuillerées à pot de coulis blanc, ou velouté, avec un peu de consommé ; on lie avec trois jaunes d'œufs, et on ajoute un quarteron de beurre frais plus ou moins, une pincée de persil blanchi, et le jus d'un citron ; jetez votre blanquette de veau dans cette sauce, et la servez chaudement.

Longe de veau à la broche.

Otez entièrement toute l'épine du dos, et généralement tous les os qui pourraient gêner pour la dresser ; ôtez un peu de graisse du rognon, car il ne cuirait pas ; roulez le flanchet et assujétissez-le avec des attelets sur la broche ; enveloppez votre longe de deux feuilles de papier huilées, et laissez-la cuire à la broche pendant trois quarts-d'heure; avant de servir, vous la développez et l'assaisonnez de sel : il se sert pour rôt ou grosse pièce.

Pieds de veau à la Sainte-Menehould.

Avec le couperet, fendez par le milieu quatre pieds de veau bien échaudés, ficelez-les et mettez-les cuire dans une bonne braise; lorsqu'ils sont cuits, et qu'il n'y a que peu de sauce, faites-les refroidir à moitié; retirez-les pour les paner de mie de pain, que vous arrosez avec la graisse de la braise; faites-les griller de belle couleur, et servez-les pour hors-d'œuvre.

Pieds de veau frits.

Faites-les cuire dans un bon fond ou dans un blanc, après les avoir désossés; retirez-les lorsqu'ils sont cuits, et faites-les mariner dans du poivre, du sel et un peu de vinaigre; vous les égoutez et les faites frire d'une belle couleur dans une pâte; servez chaudement avec du persil frit.

Tendons de veau en haricot.

Levez les tendons d'une poitrine de veau et les faites dégorger et blanchir; faites-les cuire entre deux bardes de lard, dans un bon fond, et lorsqu'ils sont cuits, égoutez-les sur un plafond, et mettez par-dessus un couvercle de casserole, avec un poids, pour leur faire prendre une belle forme; vous les parez et les mettez dans un plat à sauter avec son fond, clarifié et réduit; faites blanchir ensuite une cinquantaine de petits navets gros comme des olives, et faites-les cuire dans du consommé et un peu de sucre; vous les liez avec une béchamelle bien blanche; dressez les tendons en miroton, et mettez les navets au milieu.

Queues de veau aux choux.

Prenez deux ou trois queues de veau, que vous couperez en deux; faites-les blanchir un instant avec une demi-livre de petit lard coupé en tranches; vous ferez aussi blanchir la moitié d'un gros chou coupé en morceaux un quart-d'heure; retirez-le à l'eau fraîche et le pressez bien; ôtez les trognons; mettez les queues dans une marmite avec le petit lard, ficelés, et les choux, un bouquet de persil, ciboule, une demi-gousse d'ail, trois clous de girofle, de la muscade; mouillez avec du bouillon, un peu de sel, gros poivre; faites bouillir à petit feu jusqu'à ce que les queues soient cuites; retirez le tout de la marmite pour l'égouter et essuyer de sa graisse; dressez les queues, entremêlées de choux, le petit lard par-dessus; vous saucerez avec un peu d'espagnole réduite.

Côtelettes grillées panées.

Après avoir paré vos côtelettes et les avoir assaisonnées avec du sel et du gros poivre, vous ferez tiédir un morceau de beurre, et tremperez dedans chaque côtelette; sortant du beurre, mettez-les dans une casserole où sera de la mie de pain; tournez-les dedans; sortez-les-en pour y mettre encore de la mie de pain; une demi-heure avant de les servir, mettez-les sur le gril à un feu doux, afin que la mie de pain ne prenne pas trop de couleur; quand elles sont cuites, vous les servez avec un jus clair dessous, ou sans jus.

MOUTON.

Le mouton subit, en cuisine, une infinité de métamorphoses : à la table d'un riche, on a peine à le reconnaître; à celle du bourgeois, il se présente plus modestement, et laisse distinguer clairement toutes ses diverses parties.

Il est meilleur en hiver qu'en été, parce qu'il ne redoute point la putréfaction.

Haricot de mouton à la cosmopolite.

Coupez un carré de mouton par morceaux; mettez dans une casserole un morceau de beurre avec votre mouton, que vous ferez revenir sur un feu vif; les chairs ayant pris une couleur dorée, égoutez-les; tournez des navets en bâtons ou en bâtonnets, et passez-les dans la graisse de votre mouton; après leur avoir donné une belle couleur, égoutez-les; ensuite faites un roux; repassez votre mouton dans ce roux; après l'avoir mouillé, mettez-y du sel, du poivre, un bouquet, deux oignons, un clou de girofle, une feuille de laurier, et mettez-y vos navets; votre mouton aux trois-quarts cuit, faites-le mijoter et dégraissez-le; la cuisson achevée, si la sauce est trop longue, retirez-en une partie, et faites-la réduire au degré convenable; après cette opération, dressez votre haricot, que vous masquez avec vos navets, et que vous servez bien chaud.

Gigot de mouton à l'eau.

Désossez le casis de votre gigot jusqu'à l'os de la cuisse; piquez l'intérieur avec de gros lardons assaisonnés de sel, poivre, ail et des quatre épices; vous les ficelerez; vous mettrez quelques bardes de lard par-dessous, des carottes, des oignons, clous de girofle, trois feuilles de laurier et du thym; mouillez votre gigot avec de l'eau, mettez-y du sel; qu'il baigne dans l'eau; faites-le bouillir pendant cinq heures environ; après l'avoir déficelé, mettez-le sur un plat avec un peu du mouillement dans lequel il a cuit, et que vous passez à l'étamine.

Gigot de mouton à la gasconne.

Prenez un bon gigot, d'une chair noire et d'une graisse blanche; lardez-le de dix ou douze gousses d'ail, et d'une douzaine d'anchois en filets; mettez-le à la broche; sa cuisson terminée, vous le servez avec un ragoût d'ail dont voici la recette:

Vous épluchez de l'ail, la valeur d'un litron, que vous faites blanchir à plusieurs bouillons; quand il est presque cuit, vous le retirez et le jetez dans de l'eau fraîche; vous l'égoutez ensuite; mettez dans une casserole cinq cuillerées à dégraisser d'espagnole, et deux cuillerées de jus de bœuf; jetez-y votre ail: faites-le réduire, et servez-le sous votre gigot en place de haricots.

Rosbif de mouton à l'anglaise.

Il se met à la broche, servi dans son jus, pour pièce du milieu; il se sert aussi à la Sainte-Menehould; pour lors on le fait cuire à la braise; quand il est cuit, vous le panez et lui faites prendre couleur au four, et servez dessous une sauce à votre goût: on peut aussi, quand il est bien piqué, le faire cuire à la broche et le glacer d'une belle couleur; mettez des haricots à la bretonne dessous.

Carré de mouton.

On le met sur le gril, coupé en côtelettes; on trempe auparavant ces côtelettes bien parées dans du beurre frais fondu, sel et poivre; on les pane de mie de pain, et on les fait cuire sur le gril; pendant qu'elles cuisent, on les arrose avec un peu de beurre, afin qu'elles ne soient pas sèches; quand elles sont cuites, on les sert avec un jus clair, ou une sauce piquante.

Carré de mouton à la poivrade.

Parez deux carrés de mouton, et piquez-les

de lard; faites-les mariner un ou deux jours dans un demi-verre d'huile, le jus d'un citron, sel, poivre, aromates, deux oignons en tranches, et du persil en branches; une heure avant de servir, faites-les cuire à la broche, et les glacez d'une belle couleur; servez avec une poivrade dessous.

Pieds de mouton à la Sainte-Menehould.

Quand ils sont cuits dans l'eau, vous leur ôtez les gros os et les laissez entiers; mettez-les dans une casserole avec un morceau de beurre, persil, ciboules, une pointe d'ail hachés, sel poivre; faites-les cuire jusqu'à ce qu'il n'y ait presque plus de sauce; sur la fin remuez-les, de crainte qu'ils ne s'attachent; quand ils sont froids, trempez-les dans le restant de la sauce, et les panez de mie de pain; faites-les griller, et les servez à sec avec une sauce piquante.

Pieds de mouton à la poulette.

Flambez une trentaine de pieds de mouton, et ôtez-en avec le couteau une petite touffe de poils qui se tient au milieu de la fente du bout du pied; faites-les cuire dans un blanc, et lorsqu'ils sont cuits, ce qui est au bout de quatre bonnes heures, vous les égoutez sur un torchon blanc et en ôtez les os de la jambe; faites réduire quelques cuillerées de coulis blanc avec des champignons, que vous aurez auparavant passés au beurre; liez-le avec trois jaunes d'œufs; ajoutez à cela trois quarterons de beurre frais, une pincée de persil blanchi, de jus de citron, et jetez vos pieds de mouton dans cette sauce.

Hachis de mouton à la bourgeoise.

Un gigot rôti se mange rarement entier le même jour; le lendemain on fait un hachis de ce qui reste. On lève les chairs, on en ôte les nerfs et les peaux : après avoir haché votre viande, mettez-la dans une casserole; faites réduire quelques cuillerées de coulis, et, au moment de servir, liez votre hachis avec cette réduction : mettez-y un demi-quarteron de beurre; faites-le chauffer, prenant garde qu'il ne bouille, et servez, si vous le jugez à propos, avec des œufs molets autour.

Épaule de mouton à la Sainte-Menehould.

Prenez une épaule de mouton que vous désosserez et ferez cuire dans une braise, ou avec un peu de bouillon, un bouquet de persil, des ciboules, une gousse d'ail, deux clous de girofle, une feuille de laurier, du thym, des oignons, des racines, du sel et du poivre; quand elle est cuite, vous l'ôtez de la casserole, vous l'égoutez et la dressez sur le plat; mettez dessus un peu de coulis bien assaisonné et bien réduit, et panez-la avec de la mie de pain bien fine; délayez trois jaunes d'œufs avec un peu de beurre fondu, et arrosez-en l'épaule, que vous panez encore avec de la mie de pain; vous la mettez dans un four d'une moyenne chaleur, et l'arrosez de temps à autre avec du beurre fondu; lorsqu'elle a pris une belle couleur, vous la servez avec son fond clarifié et bien réduit.

Côtelettes de mouton grillées panées.

Préparez vos côtelettes; après les avoir assaisonnées de sel, de gros poivre, trempez-les dans du beurre tiède; quand elles en seront imbibées, saupoudrez-les de mie de pain, ayant soin qu'elles en prennent suffisamment; déposez-les ensuite sur un couvercle de casserole, en y remettant de la mie de pain dessus et dessous; un quart-d'heure avant de les servir, mettez-les sur le gril, à un feu un peu ardent; que vos côtelettes ne cuisent pas trop, et que votre mie de pain ne brûle pas. Dressez-les avec un jus clair dessous.

Filets de mouton grillés aux pommes de terre.

Parez dix ou douze filets mignons de mouton; assaisonnez-les de sel et mignonette, et trempez-les dans du beurre; au moment de servir, faites-les griller et glacer d'une belle couleur; dressez-les ensuite sur un plat avec des pommes de terre dans le milieu, frites au beurre et bien assaisonnées.

Filets de mouton en chevreuil.

Parez proprement douze filets mignons de mouton, et les piquez de lard; faites-les mariner trois ou quatre jours dans du vinaigre, des aromates, du persil en branches et de l'oignon en tranches; un instant avant de servir, vous les faites cuire dans une demi-glace, et les glacez d'une belle couleur; servez chaudement avec une poivrade pour sauce.

Cervelles de mouton.

Les cervelles de mouton se préparent, s'arrangent et se font cuire comme les cervelles de veau (voyez *Cervelles de veau*).

Rognons de mouton.

Ils se font cuire sur le gril; il faut les ouvrir par le milieu, et leur passer au travers une petite brochette; assaisonnez-les de sel, poivre; quand ils sont cuits, mettez dessous une sauce à l'échalotte.

Les rognons extérieurs, appelés animelles, se servent pour entremets; ôtez la peau, coupez-les en tranches, et les faites mariner avec sel, poivre, jus de citron; essuyez-les après et les farinez, faites-les frire; et servez-les garnis persil frit.

Langues de mouton en papillotes.

Faites cuire dix ou douze langues dans une bonne braise; lorsqu'elles sont cuites, ouvrez-les en deux, et laissez-les refroidir; maniez des fines herbes avec une demi-livre de beurre; assaisonnez-les d'un bon goût; enveloppez chacune d'elles dans du papier huilé, et faites-les griller doucement un instant avant de servir.

Langues de mouton braisées.

Elles se servent ordinairement en entrée;

prenez dix ou douze langues, faites-les dégorger, après quoi vous les ferez blanchir pendant une demi-heure ; rafraîchissez-les ensuite ; égoutez-les, essuyez-les, et coupez le cornet ; piquez-les avec de petits lardons assaisonnés ; faites-les cuire dans une bonne braise pendant cinq ou six heures, égoutez-les pour en ôter la peau ; faites les mijoter ensuite dans une demi-glace, et servez chaudement avec une poivrade.

Poitrine de mouton braisée.

Coupez votre poitrine en morceaux longs, carrés ou ovales ; mettez dans une casserole des bardes de lard ; ajoutez-y des tranches de jambons, vos carbonnades par-dessus, que vous couvrez de lard ; jetez-y deux carottes coupées en tranches, trois ou quatre oignons aussi coupés, du laurier, du thym ; versez-y plein une cuiller à pot de bouillon ; vous les ferez mijoter pendant trois heures, feu dessus, feu dessous ; sur le point de servir, égoutez-les, et dressez-les en miroton sur votre plat, avec des épinards, de l'oseille ou de la chicorée au milieu.

Poitrine de mouton à la Sainte-Menehould.

Après avoir fait cuire une poitrine entière, vous en ôtez les côtes et les parez proprement ; mettez dessus du sel et du poivre ; trempez-la dans du beurre tiède ; après l'avoir bien panée, mettez-la sur le gril à un feu doux ; égoutez du beurre dessus, et semez-y de la mie de pain ; mettez-la ensuite sous un four de campagne bien chaud, pour lui faire prendre couleur; après quoi mettez-la sur un plat avec un jus clair dessous.

AGNEAU.

La chair de l'agneau est fade, aussi demande-t-elle à être apprêtée avec soin, et relevée par des sauces et des ragoûts piquans ; c'est à la broche que l'agneau est meilleur, avec une sauce un peu forte en goût.

C'est dans le mois d'avril qu'on en fait usage; on doit préférer les agneaux de deux mois et demi bien nourris, car ils sont les meilleurs et les plus propres à subir les diverses préparations de la cuisine.

Quartier d'agneau.

Le quartier d'agneau de devant est plus délicat que celui de derrière ; il se sert ordinairement rôti ; on en fait aussi des entrées à l'anglaise, en mettant les côtelettes sur le gril, comme celles de mouton, et le reste du quartier, vous le faites cuire à la broche ; quand il est froid, vous en faites une blanquette, et mettez les côtelettes autour.

Le quartier d'agneau de derrière se met ordinairement à la broche ; on le sert aussi farci en dedans, cuit à la braise, et servi avec un ragoût d'épinards ; cuit à la braise et refroidi, on en coupe des filets, que l'on accommode presque toujours en blanquette ou à la béchamelle.

Tranches d'agneau de ferme.

On coupe un filet d'agneau par tranches; on le poivre et on le sale, puis on le fait frire; quand elles seront frites, mettez-les dans un plat et versez du beurre dessus; jetez un peu de farine dans une casserole, avec un peu de bouillon de bœuf, un peu de saumure de noix; faites bouillir le tout, et remuez continuellement; mettez-y les tranches, remuez-les bien en rond; garnissez avec du persil frit, et servez.

Rosbif d'agneau à l'anglaise.

Coupez votre agneau jusqu'à la seconde côtelette du flanc; ce qui fait la moitié de l'agneau; après l'avoir bien assujéti avec des brochettes, mettez-le à la broche, et faites-le cuire d'une belle couleur; prenez deux quartiers de devant de l'agneau, levez-en les épaules; coupez les poitrines de manière que les côtelettes ne soient pas endommagées; faites cuire vos poitrines dans une bonne braise; cuites, vous les mettrez entre deux couvercles et les laisserez refroidir; vous les couperez en petits morceaux, que vous parerez bien proprement, et que vous tremperez dans une sauce d'un bon goût; panez-les avec de la mie de pain; coupez vos côtelettes, parez-les proprement, assaisonnez-les de sel et de poivre; et mettez-les dans un plat à sauter avec du beurre fondu; prenez vos épaules cuites à la broche et refroidies, faites-en une bonne blanquette; au moment de servir, faites griller ou frire vos tendons; sautez les côtelettes, que vous glacez, et dressez le tout entremêlé et en miroton; mettez-la blanquette au milieu.

Filets d'agneau en blanquette.

Faites cuire cinq ou six filets d'agneau à la broche, et laissez-les refroidir; coupez-les en blanquette, et mettez-les dans une casserole entre deux bardes de lard, que vous mettez dans une étuve une heure avant de servir, afin que vos filets chauffent doucement, et ne se racornissent point; au moment de servir, ôtez le lard, et mettez-le dans une allemande liée avec deux jaunes d'œufs, un petit morceau de beurre et du jus de citron; ayez soin de les garnir de quelques champignons qui auront été passés dans le beurre.

Oreilles d'agneau à l'oseille.

Ayez douze oreilles d'agneau, que vous ferez cuire dans une braise; prenez ensuite une grande poignée d'oseille, hachez-la un peu, et faites-la cuire dans une cuillerée de bouillon et un morceau de beurre; versez dedans une petite cuillerée à pot de coulis; mettez-y un peu de poivre, de sel et de muscade râpée; après avoir fait mijoter quelques minutes, tortillez proprement vos oreilles, et mettez-les ensuite dans un plat.

Issues d'agneau à la bourgeoise.

Sous le nom d'issues, on comprend généralement la tête, le foie, le cœur, le mou et les pieds.

Ôtez les mâchoires et le museau d'un agneau, faites-les dégorger dans de l'eau avec le reste de l'issue coupée par morceaux ; faites-les blanchir un moment, et cuisez-les dans un blanc (voy. *Blanc*) ; un instant avant de servir, égoutez le tout, et mettez-le, à l'exception de la tête, dans une sauce à l'allemande réduite (voy. *Sauce à l'allemande*), liée avec deux jaunes d'œufs, un morceau de beurre, et le jus de la moitié d'un citron ; mettez ce ragoût sur un plat, et dressez la tête bien blanche par-dessus.

Ris d'agneau à l'anglaise.

Faites blanchir vos ris ; mettez-les quelque temps dans l'eau froide ; jetez-les ensuite dans une casserole avec une cuillerée à pot de bouillon, un peu de poivre et de sel, un bouquet d'oignons nouveaux, et un morceau de macis ; remuez-les dans un morceau de beurre fariné, et faites-les mijoter une demi-heure ; ayez tout prêt deux ou trois œufs bien battus dans de la crème avec un peu de persil haché et de la muscade ; mettez-y quelques pointes d'asperges déjà bouillies, et vos autres ingrédiens ; ayez sur-tout le soin d'empêcher les grumeaux ; ajoutez un peu de jus de citron ; vous en ferez un plat distingué en y joignant des pois, des haricots verts, ou des groseilles.

Têtes d'agneaux de plusieurs façons.

Prenez deux têtes d'agneaux avec leur collet, ôtez les mâchoires et le museau; faites-les blanchir et cuire dans une braise blanche, comme les oreilles de veau; mettez-les dans une marmite avec du bouillon, un bouquet garni, sel, poivre, racines, oignons, du verjus en grains, ou la moitié d'un citron coupé en tranches; la peau ôtée, faites-les cuire à petit feu; quand elles sont cuites, découvrez les cervelles, dressez-les dans le plat, et servez dessus telle sauce que vous jugerez à propos, comme sauce à la ravigote, sauce à la poivrade liée, etc.

Autrement, prenez du bouillon de leur cuisson, prenez garde qu'il ne soit pas trop salé; délayez-le avec trois jaunes d'œufs, une pincée de persil haché, faites lier sur le feu et servez dessus les têtes.

Vous pouvez encore y mettre un ragoût de salpicon.

COCHON, ET COCHON DE LAIT.

Dans un cochon tout est bon, et rien n'est à rejeter; dans une cuisine, il est précieux par son lard, et par diverses autres parties de son corps, qui entrent dans le domaine de la cuisinière; quant aux boudins, saucisses, jambons, etc., *nous nous abstiendrons d'en parler, ces diverses préparations étant du ressort du charcutier.*

Côtelettes de cochon sur le gril.

Coupez vos côtelettes de cochon comme des côtelettes de veau, ayant soin de laisser dessus un peu de gras; aplatissez-les pour leur donner une belle forme, faites-les cuire sur le gril, et servez-les après une parfaite cuisson avec une sauce robert, ou une sauce aux cornichons.

Côtelettes de porc frais en ragoût.

Coupez un carré de porc frais en côtelettes, faites-les cuire avec un peu de bouillon, un bouquet garni, peu de sel, poivre; mettez-les dans une casserole, avec champignons, un peu de beurre; passez-les sur le feu; ajoutez-y une bonne pincée de farine; mouillez moitié bouillon, un verre de vin blanc et du jus, pour colorer le ragoût, sel, gros poivre, un bouquet de persil, ciboule, une demi-gousse d'ail, deux clous de girofle; laissez cuire et réduire à courte sauce; servez sur les côtelettes.

Des oreilles, de la langue et des pieds de cochon.

Les oreilles se font cuire à la braise, faite comme celle de la tête; quand elles sont cuites, il faut les paner et les faire griller; servez-les à sec.

La langue se met à la braise avec des sauces piquantes, et pour le mieux, elle se mange salée et fumée; les pieds s'accommodent comme les oreilles.

De la tête de cochon en hure.

Elle se met en hure de sanglier; faites-la brûler à un feu clair sur le fourneau bien ardent, et la frottez à force de bras avec une brique, et ensuite avec un couteau; après qu'elle est nette, désossez-la à moitié sans ôter la peau; piquez-la en dedans avec de gros lard; assaisonnez de sel, épices mêlées, persil, ciboules, champignons, ail, le tout haché; enveloppez-la avec un linge blanc; ficelez-la, et la faites cuire dans une bonne braise faite avec du bouillon, du vin rouge, un gros bouquet garni, oignons, racines, sel et poivre.

Quand elle est cuite, laissez-la refroidir dans sa braise, et servez-la sur une serviette pour entremets du milieu.

Pieds de cochon à la Sainte-Menehould.

Entortillez vos pieds de cochon avec du ruban de fil large; mettez-les dans une casserole avec du thym, du laurier, des carottes, des oignons, quelques clous de girofle, du persil, des ciboules, un peu de saumure, une demi-bouteille de vin blanc, plus ou moins. Devant rester long-temps au feu, employez beaucoup de mouillement; faites-les mijoter pendant vingt-quatre heures sans discontinuer; laissez-les ensuite refroidir dans leur cuisson; développez-les avec soin, et laissez-les reposer jusqu'au lendemain. Prêt à les servir, trempez-les dans du beurre tiède; assaisonnez-les de gros poivre, et roulez-les dans la mie de pain; mettez-les ensuite sur le gril, à un feu très-doux, et servez-les sans sauce.

Rognons de cochon au vin de Champagne.

Après avoir émincé vos rognons de cochon, vous les mettrez dans une casserole sur un feu ardent, avec un morceau de beurre, du sel, du poivre, du persil, des petits oignons et de l'échalotte, le tout haché bien menu; sautez votre émincé sans relâche, afin qu'il ne s'attache pas. Lorsque vos rognons sont réduits, ajoutez un peu de farine que vous remuez avec votre émincé; vous y versez ensuite un verre de vin de Champagne; vous retournez alors votre ragoût sans le laisser bouillir, après quoi vous pouvez le servir.

Grosse pièce.

On entend par grosse pièce le quartier de cochon qui va jusqu'à la première côte, près le rognon; on le coupe en carré, couvert de sa couenne, que l'on cisèle; on passe de petits attelets dans le flanc, et on les fait joindre jusqu'au filet, pour lui conserver sa forme; on le met à la broche, où on le laisse quatre heures.

Echinée de cochon.

En coupant votre morceau en carré, laissez l'épaisseur d'un doigt de graisse; que votre carré soit bien couvert; ciselez le gras qui la couvre; mettez votre carré à la broche; deux heures suffisent pour sa cuisson. On le sert pour rôt ou pour entrée, avec une sauce piquante (voyez *Sauces*).

Filets mignons.

On lève les filets mignons dans toute leur longueur, et on les pique de lard fin; on leur donne une forme ronde, et on les pique pardessus. Mettez des bardes de lard dans une casserole, quelques tranches de veau, plusieurs carottes, des oignons, deux clous de girofle, un bouquet de persil, des ciboules, deux feuilles de laurier, et vos filets sur l'assaisonnement; couvrez-les ensuite d'un double rond de papier beurré; ajoutez plein une petite cuiller à pot de bouillon; mettez-les sur le feu, où vous les laisserez pendant une heure; mettez du feu sur le couvercle pour les glacer; au moment de servir, égoutez-les. On peut servir dessous, ou de la chicorée, ou des concombres, ou une purée quelconque, ou une sauce piquante.

Cochon de lait rôti.

Plongez un cochon de lait dans un chaudron d'eau chaude, où vous pourrez endurer le doigt; frottez-le avec la main; si la soie s'en va, retirez-le de l'eau; retrempez-le à plusieurs fois, et toujours pour enlever les soies; quand il n'en reste plus, faites-le dégorger pendant vingt-quatre heures; pendez-le ensuite, et faites-le sécher. Après ces préparations, farcissez-lui le ventre d'un gros morceau de beurre manié dans la farine; arrosez-le sans cesse de bonne huile, pour lui faire prendre une belle couleur, et servez.

Cochon de lait farci.

Après l'avoir échaudé à l'eau bouillante, et fait les préparations nécessaires, comme ci-dessus, farcissez-le avec son foie haché avec lard blanchi, truffes, champignons, rocamboles, câpres fines, anchois, fines herbes, assaisonnés de poivre et de sel marin, le tout passé à la casserole ; son ventre ainsi rempli, on le ficelle, ou le met à la broche, et on a soin de l'arroser d'huile vierge. On l'accompagne presque toujours d'une sauce à l'orange, avec sel et poivre blanc.

INSTRUCTIONS POUR TROUSSER LA VOLAILLE ET LE GIBIER.

Ayez le plus grand soin, quand vous plumez une volaille, de bien en ôter tous les petits tuyaux. Quand vous en viderez une, de quelque espèce qu'elle soit, prenez toutes les précautions nécessaires pour ne pas crever le fiel; car, si cela arrivait, il vous serait impossible de détruire l'amertume qu'en recevrait la chair. Il faut avoir également soin de ne pas déchirer

BOURGEOISE.

les intestins qui touchent au gésier; l'intérieur en deviendrait malpropre et gâterait le tout. Après avoir fait ces observations générales, passons aux instructions particulières.

Pour trousser les poulets.

Ayant plumé un poulet, coupez le cou près du dos; alors ôtez le jabot, et, avec le doigt du milieu, détachez le foie et les autres intestins; fendez l'anus, lavez-le bien, et aplatissez les os de l'estomac avec un rouleau. Si la pièce est pour être bouillie, coupez le bout des pattes, fendez légèrement les nerfs de chaque côté des jointures, troussez les pattes dans le ventre par l'anus, et épluchez le croupion; ôtez la peau des pattes, mettez une brochette à la première jointure de l'aile, et attachez-le au milieu de la cuisse, serré; passez une brochette dans le milieu de la cuisse de part en part, faites qu'elle traverse le corps, et opérez de même de l'autre côté; nétoyez le gésier et retirez le fiel d'avec le foie; mettez le gésier et le foie dans les ailerons, et tournez la pointe de l'aileron sur le dos. Si le poulet est pour rôtir, coupez le bout des pattes, mettez une brochette dans la première jointure des ailes, et attachez serré le milieu des cuisses; piquez la brochette dans le milieu de la cuisse, faites-la passer au travers du corps, et opérez de même de l'autre côté; prenez une brochette à deux pointes, passez-y la grande broche, et enfilez-la par l'anus de votre volaille, de manière que les pointes du *sidesman* (1) piquent les côtés de votre volaille et la tiennent ainsi fixée en place.

Nétoyez et lavez le gésier et le foie, mettez-les dans les ailerons, tournez les pointes sur le dos, et relevez la peau de l'estomac sur le cou.

Pour trousser les poules, poulardes et chapons.

Plumez, videz, battez l'estomac de ces volailles. Si les pièces sont pour bouillir, coupez le bout des pattes, et troussez-les jusqu'aux cuisses; passez votre doigt par l'anus, et levez la peau des pattes; alors, faites un trou au haut de la peau, et mettez les pattes dessous; passez une brochette dans la première jointure de l'aileron; attachez le milieu de la cuisse très-serré, et faites-y passer une autre brochette jusqu'à ce qu'elle traverse tout le corps. Opérez de même de l'autre côté; quand vous aurez ouvert le gésier, ôtez-en la poche, et ôtez de même l'amer du foie; mettez le gésier et le foie dans les ailerons; tournez les pointes sur le dos, et attachez-les avec une ficelle sur le haut des cuisses, pour les maintenir en place. Si la pièce est pour être rôtie, passez une brochette dans la première jointure de l'aile; et attachez le milieu de la cuisse serré; mettez une brochette à travers le milieu de la cuisse, et faites-la passer au travers du corps; faites de même pour l'autre côté; em-

───────────

(1) Espèce de brochette à deux pointes aiguës, qui sert à fixer la volaille à la grande broche.

brochez par l'anus dans la grande broche, après y avoir mis le *sidesman*, dont vous serrez l'écrou; n'oubliez pas de couper les ergots des pattes.

Pour trousser les dindons.

Commencez par bien plumer le dindon ; brisez le bout des pattes, et tirez les nerfs, afin de pouvoir pendre par-là le dindon à un croc ; coupez le cou tout près du dos, mais ayez soin de laisser la peau du jabot assez longue pour recouvrir le dos ; alors ôtez le jabot, et détachez le foie et le fiel, en fourrant le doigt du milieu par le gosier ; ensuite, coupez l'anus et ôtez les boyaux, tirez le gésier avec un crochet pointu, et le foie viendra avec ; ayez bien soin de ne pas crever le fiel ; essuyez le dedans avec un linge mouillé ; ensuite, coupez l'os de la poitrine près du dos des deux côtés ; relevez les pattes jusqu'au jabot ; alors mettez un linge sur la poitrine, et battez le brechet avec un rouleau jusqu'à ce que vous l'ayez aplati. Si le dindon est troussé pour bouillir, coupez tout-à-fait les pattes ; mettez en dedans votre doigt du milieu, levez la peau des pattes, et mettez-les dans le ventre du dindon ; passez une brochette dans la jointure de l'aile et le joint du milieu de la cuisse, et faites-la traverser le corps, l'autre aile et l'autre cuisse ; il faut mettre le foie et le gésier dans les ailerons, mais il faut auparavant ouvrir le gésier, en ôter toute la poche, et ôter aussi le fiel du foie; alors retournez le bout des ailes sur le dos, et tournez une ficelle autour des cuisses pour maintenir le tout en place. Si le dindon doit être rôti, laissez-lui les pattes ; passez une brochette dans la jointure de l'aile ; troussez-lui les pattes, mettez-y une brochette qui en traverse le milieu et le corps ; faites de même de l'autre côté ; embrochez dans la grande broche après y avoir mis le *sidesman*, et arrêtez-le en place; mettez le foie et le gésier entre les ailerons, et tournez la pointe de l'aileron sur le dos ; ensuite, mettez au-dessus des ailerons une autre brochette qui traverse tout le dindon.

Pour trousser les dindonneaux.

Séparez le cou de la tête et du corps, mais ne touchez pas à la peau du cou; il faut les vider de la même façon que les dindons ; mettez une brochette à travers la première jointure de l'aileron; troussez bien les pattes ; faites-y passer un brochette jusqu'au travers du corps, et faites de même de l'autre côté ; coupez la partie inférieure du bec; tortillez la peau du cou autour, et mettez la crête à la pointe de la brochette, avec la partie supérieure du bec ; embrochez dans votre grande broche, après y avoir mis le *sidesman*; fixez le tout en place comme nous venons de le dire dans un article précédent, et coupez le bout des pattes; vous pouvez employer ou supprimer le gésier et le foie à votre volonté;

il est assez ordinaire de larder les dindonnaux sur l'estomac.

Pour trousser les oies et les canards.

Plumez et nétoyez parfaitement votre oie; alors coupez-lui les pattes, et les ailerons à la première jointure; coupez le cou presque au dos, mais laissez la peau du cou assez longue pour rabattre sur le dos; ôtez tout-à-fait le cornet, et faites un nœud au bout; avec votre doigt du milieu, détachez le foie et les autres intestins qui sont dans l'estomac, et faites une ouverture entre l'estomac et le croupion; ôtez toutes les entrailles, excepté les poumons; nétoyez bien l'oie avec un linge mouillé, et battez l'estomac avec un rouleau; mettez une brochette dans l'aile, et attachez les cuisses; passez-y une brochette dans le milieu, qui traverse tout le corps, et faites de même de l'autre côté; embrochez votre oie dans la grande broche garnie du *sidesman*; passez une brochette dans le bas de chaque cuisse, de manière qu'elle passe dans chacun des trous du *sidesman* qui se trouvent près des pointes; coupez le bout de l'anus, et faites un trou assez grand pour le passage du croupion, par ce moyen il gardera mieux l'assaisonnement. On trousse les canards de la même façon, excepté qu'on leur laisse les pattes, et qu'on les trousse serrées contre les cuisses.

Pour trousser un lièvre, ou autre gibier.

Otez les quatre pattes à la première jointure, levez la peau du derrière, et tirez-la sur les pattes de derrière; laissez la queue entière, tirez la peau sur le dos, et dépouillez les cuisses; coupez la peau du cou et de la tête, mais ayez soin de laisser les oreilles, et souvenez-vous de les écorcher; ôtez le foie et les autres intestins; coupez les nerfs qui se trouvent sous les cuisses; rapprochez les épaules; mettez alors une brochette qui perce la cuisse et qui traverse l'épaule sous la jointure et tout le long du corps; faites de même de l'autre côté; mettez une autre brochette qui traverse la cuisse et le corps; mettez la tête entre les épaules, et fixez-la par une brochette; mettez une brochette à chaque oreille, pour les faire tenir droites, et passez au milieu du corps une ficelle qui entoure les cuisses et tienne tout en place. Un jeune faon se trousse absolument de la même manière, excepté qu'on lui coupe les oreilles. Les lapins sont aussi arrangés de la même façon que les lièvres : observez seulement de leur couper les oreilles tout près de la tête; faites une ouverture à l'anus, et abattez les pattes à un pouce environ de distance du croupion; aplatissez les cuisses, et attachez les épaules; mettez de chaque côté une brochette qui traverse la cuisse, l'épaule et le corps; retournez la tête, et embrochez-la : si vous voulez en faire rôtir deux ensemble, troussez-les dans toute leur longueur, avec six brochettes qui passeront à travers leurs corps, afin de les tenir ferme sur la grande broche.

Pour trousser les faisans et les perdrix.

Plumez-les bien ; faites une fente derrière le cou, et ôtez le jabot ; avec votre doigt du milieu, détachez et ôtez le boyau qui tient à l'estomac ; alors coupez l'anus, coupez les ailerons à la première jointure, et nétoyez le dedans avec les ailerons que vous avez coupés ; battez l'estomac avec un rouleau ; mettez une brochette dans l'aile, et attachez le milieu des cuisses ; alors faites passer une brochette au travers des cuisses, et une autre au travers des ailes ; tortillez la tête, et amenez-la à la pointe de la brochette, pour que le bec touche à la poitrine ; mettez la grande broche dans le *sidesman* ; embrochez et arrêtez le tout avec une brochette qui passe dans le *sidesman* ; serrez les pattes ensemble. Si vous voulez que votre faisan ait une belle apparence, sur-tout si c'est un mâle, laissez les jolies plumes de la tête, et couvrez-les légèrement avec du papier pour empêcher que le feu ne les altère. Vous pouvez aussi garder les longues plumes de la queue, pour les ficher dans le croupion quand il sera rôti. Si le faisan est pour bouillir, arrangez-le de la même façon qu'une volaille. On trousse de la même manière tout gibier de cette espèce.

Pour trousser les bécasses et bécassines.

Il faut prendre beaucoup de soin en plumant

ces oiseaux, parce qu'ils sont extrêmement tendres, sur-tout quand ils ne sont pas très-frais: il faut par conséquent beaucoup de précaution pour les manier; quelquefois la chaleur de la main suffit pour détacher la peau, et cela leur ôte absolument leur belle apparence. Plumez-les bien proprement, coupez les ailerons à la première jointure, et, avec le manche d'un couteau, aplatissez-en la poitrine; attachez les pattes ensemble au bas des cuisses, faites que les cuisses touchent aux ailerons; mettez à l'aileron une brochette qui traverse la cuisse tout le long du corps, et faites de même de l'autre côté; ôtez la peau de la tête; ôtez-en aussi les yeux, et mettez-la à la pointe de la brochette, avec le bec touchant à la poitrine. N'oubliez pas qu'il ne faut jamais vider ces oiseaux.

Pour trousser les oiseaux sauvages.

Plumez-les bien par-tout; coupez le cou tout près du dos, et, avec votre doigt du milieu, détachez le foie et le boyau qui touche à la poitrine; coupez les ailerons à la première jointure, ensuite faites une ouverture entre l'anus et le croupion, et videz-les; nétoyez-les proprement avec les longues plumes des ailes; coupez le bout des pattes, et attachez-les ensemble au bas des cuisses; passez une brochette dans les cuisses contre la poitrine, et passez une brochette à travers les cuisses; coupez l'anus, et faites passer par-là le croupion.

Tous les oiseaux sauvages, de quelque espèce qu'ils soient, doivent être troussés de cette manière.

Pour trousser les pigeons.

Quand vous les aurez bien plumés, coupez le cou tout près du dos; ôtez le jabot; coupez l'anus, et ôtez les boyaux et le gésier, mais laissez le foie dedans, car un pigeon n'a pas de fiel. Si les pigeons sont pour rôtir, coupez les ergots, fendez une des pattes, et passez l'autre dedans; remontez les cuisses jusqu'aux ailerons; mettez une brochette qui traverse les cuisses et une qui traverse les ailes; avec le manche d'un couteau, aplatissez l'estomac; nétoyez le gésier, mettez-le dans un des ailerons, et tournez les pointes sur le dos. Si vous avez l'intention de mettre les pigeons en pâté, il faut en couper les pattes à la jointure, tourner les cuisses et les fixer dans les côtés tout près des ailerons; s'ils sont destinés à être fricassés ou bouillis, il faut les arranger de la même manière.

Pour trousser les mauviettes.

Plumez-les bien proprement; coupez-leur la tête et les ailerons à la première jointure; aplatissez l'estomac; fendez une des pattes, et mettez l'une dans l'autre; ôtez le gésier, et faites passer une brochette au travers du milieu du corps de toutes vos mauviettes; attachez bien la brochette à la grande broche quand vous les ferez rôtir.

Il faut trousser de la même manière tous les autres petits oiseaux.

VOLAILLE.

La volaille est, pour ainsi dire, le cœur d'un repas. Sans la volaille, un Amphytrion ne peut se flatter de quelque gloire dans ses services.

La volaille subit en cuisine mille préparations, dont nous allons donner les plus essentielles, et les moins dispendieuses.

Poulet à la broche.

Videz un bon poulet, flambez-le, bridez-le, et piquez-le de lard fin, ou bien couvrez-le de bardes de lard ; attachez les pattes sur la broche, et lorsque votre poulet est cuit à point, servez.

Poulet à la tartare.

Flambez et videz-le ; faites le refaire sur le feu, et le coupez par moitié ; cassez-lui les os, et les faites mariner avec du beurre frais que vous faites fondre, persil, ciboules, champignons, une pointe d'ail, le tout haché, sel, poivre ; trempez-le dans le beurre, et le panez de mie de pain ; faites-le griller, et servez à sec, ou avec une petite sauce claire.

Poulets aux petits pois.

Après avoir coupé vos poulets par membres, vous les mettez dans une casserole avec un litron de petits pois, un morceau de beurre, un bouquet de persil et de ciboules ; vous les passez sur le feu, et les mouillez avec quelques cuillerées de coulis, un peu de consommé et du blond de veau ; ajoutez-y gros comme une noix de sucre, et faites-les cuire ainsi à petit feu pendant une heure et demie, enfin, jusqu'à ce les poulets soient cuits ; au moment de les servir, vous les dégraissez et les servez à courte sauce.

Fricassée de poulets.

Prenez deux poulets gras que vous flambez, épluchez et videz ; coupez-les par membres, et les faites dégorger dans l'eau tiède ; faites-les blanchir légèrement, et égoutez-les ensuite sur un torchon ; passez-les légèrement au beurre, sur un fourneau un peu vif, et mettez-y quelques champignons et une poignée de farine que vous délayez avec deux cuillerées à pot de consommé ; ajoutez-y un bouquet bien assaisonné ; ayez soin de l'écumer souvent, et ne la dégraissez qu'à la fin ; lorsque les poulets sont cuits, vous les égoutez sur un torchon blanc et les mettez ensuite dans une petite casserole ; faites réduire la sauce, et la liez avec trois jaunes d'œufs, un morceau de beurre et du jus d'un citron ; vous la passez à l'étamine sur les poulets que vous tenez chaudement jusqu'à ce que vous serviez.

Poulets à la Sainte-Menehould.

Flambez, videz et troussez les pattes dans le corps à deux poulets; mettez-les dans une casserole avec du beurre, un verre de vin blanc, du sel, du gros poivre, un bouquet de persil, de la ciboule, une gousse d'ail, du thym, du laurier, du basilic et deux clous de girofle; faites-les cuire à petit feu, et attachez toute la sauce autour des poulets; trempez ensuite vos poulets dans de l'œuf battu, panez-les de mie de pain; retrempez-les dans du beurre, et repanez-les; faites-les griller d'une couleur dorée; servez-les à sec ou avec une sauce piquante.

Poulets à la poêle.

Flambez et épluchez deux poulets, fendez-les en deux par le milieu de l'estomac, videz-les et les passez dans une casserole avec un morceau de beurre, une pointe d'ail, deux échalottes, des champignons, persil, ciboule, le tout haché; mettez-y une pincée de farine, mouillez avec un verre de vin blanc, et autant de bouillon; assaisonnez de sel, gros poivre; faites cuire et réduire à courte sauce; dégraissez avant de servir.

De la poularde.

La poularde se sert presque toujours pour un plat de rôti; dans le temps du cresson, on en met autour, assaisonné de sel et de vinaigre ; ses foies gras sont employés dans beaucoup de ragoûts ; elle subit aussi, dans les grandes cuisines, diverses préparations recherchées.

Poularde à la Montmorenci.

Flambez et videz une poularde dont vous piquez le dessus ; remplissez-la avec des foies coupés en dés, du petit lard, de petits œufs ; cousez la poularde ; faites-la cuire comme un fricandeau, et glacez-la de même.

Du chapon. Chapon rôti.

Le chapon est un manger délicieux ; le meilleur est celui qui n'a que sept ou huit mois ; on le sert presque toujours rôti ; s'il est un peu dur, on le fait cuire comme la dinde en daube (voy. *Dinde en daube*).

Quand on le sert pour rôt, à l'époque du cresson, on en met autour, assaisonné de sel et de vinaigre.

Chapon au riz.

Videz et flambez légèrement un chapon ; bridez-le avec une grosse aiguille, et assujétissez-lui les cuisses et les pattes, après quoi mettez-le dans une casserole remplie de bouillon ; après l'avoir bien écumé, mettez-y une demi-livre de riz, lavé à cinq à six eaux ; faites bouillir le tout à petit feu pendant deux heures, plus ou moins ; débridez ensuite votre volaille, mettez-la sur un plat, et versez votre riz par-dessus ; tâchez que le tout soit d'un bon sel ; ajoutez-y un peu de gros poivre, si cela vous convient.

Dindon.

Le dindon se sert à la broche, piqué ou bardé, pour un plat de rôt, sur-tout quand il est gras et jeune.

Le lendemain, ses débris servent à faire diverses entrées.

Abatis de dindon à la bourgeoise.

Les abatis d'un dindon comprennent les ailes, les pattes, le cou, le foie, le gésier ; après avoir échaudé le tout et l'avoir épluché, on le met dans une casserole avec un morceau de beurre, un bouquet de persil, des ciboules, une gousse d'ail, deux clous de girofle, du thym, du laurier, du basilic, et des champignons ; on passe le tout sur le feu, et on y met une bonne pincée de farine ; on mouille avec du bouillon, et on assaisonne de sel et de gros poivre ; on ajoute à cela quelques navets passés à la poêle et roussis d'une belle couleur ; on fait cuire et on dégraisse ; que la sauce soit courte ; et servez.

Dindon à la daube.

Ce ne sont que les vieux dindons qu'on met à la daube ; plumez-les, videz-les et troussez leurs pattes dans le corps, faites les refaire sur la braise ; lardez-les de gros lardons assaisonnés de sel, poivre, persil, ciboule, ail, échalottes, le tout haché menu; posez-le dans une marmite juste à sa grosseur; mettez-y une chopine de vin blanc, du bouillon, racines, oignons, un bouquet garni, sel, poivre; faites-le cuire à petit feu; quand il est cuit, passez le bouillon au tamis, et le faites réduire en glace, que vous mettez refroidir; étendez-la sur le dindon; si vous en avez de reste, mettez-la dans le corps; servez ce dindon dans un plat, sur une serviette, garni de persil vert.

Dindon à la bourgeoise.

Flambez et épluchez un dindon, aplatissez-le un peu sur l'estomac, troussez les pattes; mettez dans une casserole avec du beurre, persil, ciboule, champignons, une pointe d'ail, le tout haché très-fin; faites-le refaire, et mettez-le dans une casserole avec l'assaisonnement, du sel et gros poivre; couvrez l'estomac de bardes de lard, mouillez avec un verre de vin blanc, autant de bouillon; cuit à petit feu, vous le dégraissez et mettez un peu de coulis dans la sauce pour la lier.

Jeune dinde à la broche.

Après avoir saigné votre dinde, faites-la mortifier à son point; après ces deux opérations préliminaires, videz, flambez, troussez et embrochez votre dinde, bien bardée et enveloppée d'un papier blanc; gardez-vous de la piquer; ce procédé ne convient qu'aux dindonneaux: un peu avant son entière cuisson, déshabillez-la de son enveloppe pour lui faire reprendre une belle couleur, et servez-la sur un plat.

De l'oie.

On ne fait guère usage de l'oie domestique dans les tables bien servies; mais elle se montre avec ostentation sur celles du petit bourgeois et de l'artisan.

L'oie sauvage a la chair plus noire et est plus haute en goût; on ne la sert ordinairement que rôtie.

Oie à la daube.

On prend toujours une vieille oie; on la vide et on lui trousse les pattes dans le corps; on la fait refaire sur le feu et on l'épluche; lardez-la par-tout avec des lardons assaisonnés et maniés avec du persil, de la ciboule, deux échalottes, une demi-gousse d'ail, le tout haché, une feuille de laurier, thym, basilic haché comme en poudre, sel, gros poivre, muscade râpée; après avoir ainsi lardé votre oie, vous la ficelez, et la mettez dans une marmite juste à sa grandeur, avec deux verres d'eau, deux verres de vins blancs, et un demi-verre d'eau-de-vie, avec encore un peu de sel et gros poivre; bouchez bien alors la marmite, et faites cuire à très-petit feu pendant quatre heures; la cuisson faite à point, et la sauce courte pour qu'elle puisse se mettre en gelée, dressez la daube sur un plat; quand elle sera froide, mettez la sauce par-dessus, et servez quand elle sera tout-à fait en gelée pour entremets froid.

Du canard et du canneton.

On distingue deux sortes de canard; le canard domestique et le canard sauvage.

On sert volontiers le premier pour entrée et le sauvage pour rôti.

Le canneton de Rouen, qui est très-estimé, se sert cuit à la broche avec une sauce un peu relevée.

Canard aux navets.

Après avoir vidé, troussé et flambé votre canard, mettez un peu de beurre dans une casserole avec une cuillerée de farine; faites roussir ce mélange que vous mouillez avec du bouillon, mettez-y votre canard avec un bouquet garni, un peu de sel et de poivre; coupez en lames des navets que vous faites cuire avec le canard; s'ils sont durs, vous les mettez en même temps; s'ils ne le sont pas, vous les mettrez à moitié de la cuisson; quand le ragoût est cuit et dégraissé, versez-y un filet de vinaigre et servez à courte sauce.

Canard à l'italienne.

Faites cuire un canard avec un demi-setier de vin blanc, autant de bouillon, sel, gros poivre; mettez dans une casserole deux cuillerées à bouche d'huile, persil, ciboule, champignons, une gousse d'ail, le tout haché; passez-les sur le feu; jetez-y une pincée de farine, mouillez avec la cuisson du canard qui doit être dégraissée et passée au tamis; faites-la réduire; dégraissez-la avant de la servir sur le canard.

Des pigeons.

Le pigeon est le véritable protée de la cuisine; on le mange presque toute l'année et de cent façons différentes.

On distingue trois sortes de pigeon; les gros pigeons cauchois, le pigeon de volière et les bisets.

Pigeons à la bourgeoise.

Échaudez et videz vos pigeons; troussez-leur les pattes en dedans; faites-les ensuite dégorger et blanchir un moment, et retirez-les à l'eau fraîche; mettez-les dans une casserole entre deux bardes de lard, avec du consommé et un bouquet garni; lorsqu'ils sont cuits, dégraissez leur cuisson, et l'incorporez dans une espagnole que vous faites clarifier et réduire à son point.

Pigeons à la broche.

Après avoir vidé et flambé plusieurs pigeons, épluchez-les et bridez-les ; mettez-leur sous la barde une feuille de vigne, si c'est en automne; trois quarts-d'heures suffisent pour les cuire.

Compote de pigeons.

Après avoir vidé et flambé plusieurs pigeons, coupez-les chacun en deux parties, c'est-à-dire que les deux filets tiennent ensemble, et les deux cuisses avec le croupion; faites dégorger le tout à l'eau tiède pendant quelques heures; après les avoir ficelés, faites-les blanchir; parez-les, et masquez-les dans une casserole entre deux bardes de lard; mouillez-les ensuite à court-bouillon avec un peu de consommé, et servez-les avec un ragoût à votre volonté.

Pigeons à la crapaudine.

Prenez plusieurs pigeons, dont vous troussez les pattes en dedans; levez-leur la moitié de leurs filets, que vous rabattez sur leur poche, et aplatissez-les sans beaucoup casser les os; trempez-les dans du beurre fondu, et panez-les avec de la mie de pain; faites-les griller à petit feu et d'une belle couleur; quand ils sont cuits, servez-les avec une sauce piquante ou du jus clair.

GIBIER.

On distingue en fait de gibier, 1° le gibier à poil; sous ce nom on désigne les lièvres, les levrauts, les lapins et les lapereaux;

2° Le gibier à plumes, qui comprend les ortolans, les faisans, les faisandeaux, les canards sauvages, les poules d'eau, les sarcelles, les albrans, les alouettes appelées mauviettes, les bécasses, les bécassines, les bécots, les cailles et cailleteaux, les guinards, les ramiers, les ramereaux; les perdreaux rouges, les perdreaux gris, les merles, les grives, les gélinottes, les pluviers, les rouges-gorges et les vanneaux;

3° La venaison ou viande noire : sous ce nom on entend le chevreuil, le daim, le faon, le cerf, la biche, le sanglier et le marcassin.

Du lièvre et du levraut.

On distingue le levraut du lièvre par une petite éminence que l'on sent à la première jointure, près de la patte du devant.

Les levrauts se servent pour rôt; le rable du lièvre se met ordinairement à la broche; ôtez la peau et videz-les; faites-les refaire sur de la braise, et piquez-les; quand ils sont cuits à propos, servez-les avec une sauce un peu relevée dans une saucière.

Civet de lièvre à la bourgeoise.

Après avoir dépouillé votre lièvre, et l'avoir vidé, coupez-le par membres; gardez le sang, s'il y en a; mettez-le dans une casserole avec un morceau de beurre, un bouquet bien garni; passez-le sur le feu, mettez-y une poignée de farine; mouillez avec deux bouteilles de vin rouge, plus ou moins, et assaisonnez-le de sel et de poivre; mettez-y de petits morceaux de petit lard et des petits oignons passés au beurre; ayez soin d'écumer et de dégraisser;

quand votre lièvre est cuit et à courte sauce, vous ôtez le bouquet et le liez avec son sang et son foie écrasé, comme si vous y mettiez une liaison.

Du lapin et du lapereau.

Le lapereau se sert pour rôt; après l'avoir dépouillé et vidé, vous le faites refaire sur de la braise; piquez-le et faites-le cuire à la broche; servez-le de belle couleur.

Ils servent à beaucoup d'entrées différentes.

Lapins ou lapereaux en fricassée de poulets.

Coupez-les par membres, faites-les dégorger long-temps dans l'eau, et faites-les cuire comme la poitrine de veau en fricassée de poulets.

Lapin en gibelotte.

Votre lapin dépouillé et vidé, coupez-le en morceaux; mettez dans une casserole un quarteron de beurre et deux cuillerées à bouche de farine; faites un roux, dans lequel vous ferez revenir les morceaux de votre lapin; mouillez avec une bouteille et demie de vin blanc; mettez-y des champignons, du petit lard, que vous ferez revenir dans un autre vase, un bouquet garni; faites aller votre ragoût à petit feu, jusqu'à une certaine réduction; ajoutez un peu de sel et de gros poivre; dégraissez votre ragoût; que votre sauce ne soit ni trop ni trop peu liée; retirez le bouquet et servez.

Lapin en matelotte.

Coupez un lapin par membres; faites un petit roux avec une cuillerée de farine et un morceau de beurre; mettez-y les membres de lapin avec le foie, passez-les et mouillez avec un verre de vin rouge, deux verres d'eau et du bouillon, un bouquet de persil, de la ciboule, une gousse d'ail, deux clous de girofle, thym, sel, gros poivre; faites cuire à petit feu; une demi-heure après mettez-y une douzaine de petits oignons blanchis; avant de servir, ôtez le bouquet, dégraissez la sauce, et mettez-y quelques câpres entières, un anchois haché; arrosez le tout avec la sauce.

Lapereaux au gîte.

Farcissez deux lapereaux avec leurs foies, un morceau de beurre, persil, ciboules, champignons, le tout haché, avec sel, gros poivre; cousez-les et troussez les pattes sous le ventre, et celles de devant sous le nez; mettez-y des brochettes pour les faire tenir; faites-les cuire avec un verre de vin blanc, du consommé, un bouquet garni, sel, gros poivre; lorsqu'ils sont cuits, passez la sauce au tamis, dégraissez-la et mettez-y un peu de coulis; faites réduire au point d'une sauce; dressez les lapereaux comme s'ils étaient au gîte.

Des faisans et faisandeaux.

Les faisans et faisandeaux se servent ordinairement pour rôt.

Vous les videz et piquez; vous les faites cuire à la broche, et les servez de belle couleur.

Vous les servez aussi en entrée de broche : alors vous les faites cuire à la broche avec une petite farce de leurs foies, que vous faites en les hachant avec du lard râpé, persil, ciboules hachés, sel, gros poivre; enveloppez-les de bardes de lard et de papier; servez-les avec une sauce à la provençale ou une autre sauce un peu relevée. On en fait aussi des pâtés chauds et froids, ou en terrine.

Canards sauvages rôtis.

Les canards sauvages se servent ordinairement pour rôt, sans être piqués et bardés, après les avoir préalablement vidés et flambés.

On en fait aussi des entrées; étant cuits à la broche et refroidis, on en tire des filets que l'on met à différentes sauces, comme aux câpres et anchois, en salmis, etc.

Des sarcelles.

Les sarcelles, qui ressemblent aux canards sauvages, mais qui sont plus petites, se font cuire à la broche, flambées et vidées, sans être piquées et bardées, et se servent pour rôt.

Sarcelles en entrée de broche.

Plumez, videz vos sarcelles, flambez-les légèrement; après les avoir nétoyées, maniez une demi-livre de beurre avec du sel, du poivre et de la muscade râpée; insérez cet assaisonnement dans le corps de vos sarcelles; troussez-les et faites-les cuire à la broche, enveloppées dans du papier beurré. Au moment de servir, débridez-les ; faites sortir le beurre de leur corps ; dressez-les sur votre plat, et mettez pour sauce une espagnole clarifiée, dans laquelle vous pressez le jus de la moitié d'un citron.

Des alouettes, ou *mauviettes.*

Les alouettes, ou mauviettes, se mettent ordinairement cuire à la broche, piquées ou bardées, moitié l'un et moitié l'autre ; on ne les vide point, et on met dessous des rôties de pain pour recevoir ce qui en tombe.

On sert les alouettes sur des rôties pour plat de rôt.

Alouettes en salmis à la bourgeoise.

Quand elles sont cuites à la broche (vous vous servez de celles qu'on a desservies de la table), vous leur ôtez la tête et ce qu'elles ont dans le corps ; jetez les gésiers, et le reste servez-vous-en avec des rôties ; pilez-le tout dans un mortier ; délayez ce que vous avez pilé avec un peu de bouillon, passez-le à l'étamine, et assaisonnez ce petit coulis de sel, gros poivre, et d'un filet de verjus ; faites chauffer dedans les alouettes, sans qu'elles bouillent, et servez-les garnies de croûtons frits.

Des ramiers et ramereaux.

Les ramiers et les ramereaux sont une espèce

de pigeons sauvages qui se servent pour plat de rôt; on les pique et on les fait cuire de belle couleur; on en fait aussi des entrées de plusieurs façons, en les accommodant comme les pigeons. (Consultez l'article des *Pigeons.*)

Des perdrix et des perdreaux.

Les perdreaux se servent pour rôt; on les plume, on les vide, on les pique, et on les fait cuire de belle couleur.

Si on veut les servir pour entrée, on les flambe, on les vide, et on fait une petite farce de leurs foies, avec du lard râpé, un peu de sel, persil et ciboules hachés; on met cette farce dans le corps, que l'on coud, et on leur trousse les pattes sur l'estomac; on les fait refaire dans une casserole avec un peu de beurre, et on les fait cuire à la broche, enveloppés de lard et de papier. Quand ils sont cuits, vous les servez avec une sauce convenable : on met aussi les perdreaux sur le gril en papillottes.

Perdrix aux choux.

Plumez, videz et flambez deux ou trois perdrix; piquez-les de lardons assaisonnés de sel et gros poivre; troussez-leur les pattes et bridez-les; mettez dans une casserole, avec vos perdrix, des bardes de lard, une livre de petit lard bien blanchi et bien nétoyé; un cervelas, quelques tranches de veau; couvrez vos perdrix de bardes de lard; ajoutez quelques carottes et oignons, deux clous de girofle, et du laurier; faites blanchir les choux; ficelez-les, pressez-les, et mettez-les par-dessus vos perdrix; couvrez-les de bardes de lard, d'un rond de papier beurré, plein deux cuillerées à pot de bouillon; faites-les mijoter pendant deux heures; au moment de servir, égoutez, débridez, et dressez-les sur votre plat; égoutez aussi les choux, pressez-les pour les sécher, et dressez-les autour de vos perdrix; coupez votre lard en morceaux, et placez-le de distance en distance sur vos choux avec votre cervelas; mettez dessus une sauce espagnole.

Des becasses, becassines et becasseaux.

Ce gibier se sert cuit à la broche, pour rôt; on le sert piqué, bardé avec des feuilles de vigne; on ne le vide point, on met dessous des rôties de pain en cuisant, pour recevoir ce qui en tombe, et on sert dessus les rôties.

Salmi de becasses.

Levez les membres de quatre ou cinq bécasses rôties à la broche, quand elles sont froides; parez-les et mettez-les dans une casserole; tirez un consommé des débris avec une demi-bouteille de vin blanc, échalottes émincées, thym, laurier, un bouquet de ciboules et persil : lorsque vous voyez que le fumet peut en être extrait, vous passez ce fond au tamis, le clarifiez à l'œuf, et le faites réduire à glace, pour l'incorporer dans de l'espagnole clarifiée, que vous faites réduire de manière qu'elle se soutienne un peu sur vos bécasses; une demi-heure avant de servir, passez cette sauce à l'étamine sur le gibier, et ajoutez-y gros comme un œuf de beurre frais et quelques gouttes de jus de citron ; on met aussi des champignons passés au beurre ; dressez votre salmi sur le plat, avec des croûtons de pain frits au beurre par-dessus.

De la caille et des cailletons.

Ces oiseaux se servent cuits à la broche, pour rôt ; à cet effet, on les plume, on les vide, on les fait refaire sur de la braise, on les enveloppe de feuilles de vigne, et on les barde de lard.

Ils se servent aussi en entrée ; mais alors ils subissent les préparations des grandes cuisines, qui sont trop dispendieuses pour une table bourgeoise.

Des ortolans.

Les ortolans sont de petits oiseaux qui se servent pour rôt ; on les larde, en les embrochant avec de petits attelets d'argent ; on les met à un feu ardent ; neuf ou dix minutes suffisent pour la cuisson ; on met aussi des rôties dessous, comme aux mauviettes.

Des rouges-gorges et des vanneaux.

Les rouges-gorges et les vanneaux se préparent comme les ortolans ; mais il faut plus de temps pour les cuire.

Tous les petits oiseaux, en général, se mettent à la broche comme les mauviettes, ou bien ils se sautent dans du beurre et de fines herbes.

Des grives.

Elles se servent pour rôt; après les avoir plumées et flambées, on leur ôte le gésier, et on les barde; on leur passe ensuite un attelet d'outre en outre par le flanc; on les attache ensuite à la grosse broche, avec des rôties dessous, comme on en use à l'égard des alouettes ou mauviettes.

On en fait aussi des entrées différentes, comme des bécasses; ce sont absolument les mêmes procédés à suivre.

Des pluviers.

Les pluviers se servent ordinairement pour rôt; alors on les plume et on les pique sans les vider; on les fait cuire d'une belle couleur, et on les sert avec des rôties dessous.

On les sert aussi en entrées de broche, et on peut les employer comme les bécasses.

Du sanglier.

Le sanglier subit, à peu de choses près, les mêmes préparations que le cochon domestique; la seule différence qui existe entre les deux, c'est qu'on marine le sanglier, et qu'on sale le cochon.

Du chevreuil.

Le chevreuil ne s'emploie guère en cuisine que mariné, et on ne le sert ordinairement qu'avec des sauces très-relevées.

Le cerf et la biche, le faon et le daim s'accommodent comme le chevreuil ; mais on en fait peu d'usage dans les cuisines ordinaires.

Quartier de chevreuil.

Après avoir paré votre filet et le cuissot de votre chevreuil, piquez-le de lard fin, et mettez-le dans une terrine, avec trois ou quatre bouteilles de vinaigre, du sel, du poivre, quatre feuilles de laurier, six clous de girofle, six branches de thym, cinq oignons coupés en tranches, une petite poignée de persil et des ciboules entières ; laissez-le mariner pendant quarante-huit heures au plus ; lorsque vous voulez vous en servir, ôtez-le de la marinade, et mettez-le à la broche ; cinq quarts-d'heures suffisent pour sa cuisson ; appropriez-le, et servez-le avec une sauce à la poivrade.

POISSONS D'EAU DOUCE.

Les poissons d'eau douce qu'on emploie en cuisine sont : le brochet, l'anguille, la carpe, la truite commune et saumonée, la perche, la lotte, la tortue, la lamproie, le meûnier, le barbillon, le goujon, la breme et l'écrevisse.

Court-bouillon pour tous les poissons d'eau douce, en général.

Mettez dans une casserole un morceau de bon beurre avec des oignons coupés en tranches et des carottes en lames, deux feuilles de laurier, deux ou trois clous de girofle, deux gousses d'ail, du thym, du basilic, et un peu de gingembre, si vous le jugez à propos; passez le tout sur un feu un peu ardent pour donner à vos légumes un peu de couleur; faites en sorte que le fond de votre casserole soit un peu attaché; mouillez-les avec deux ou trois bouteilles de bon vin; si vous desirez que votre court-bouillon soit au gras, vous y mettrez un fond de graisse; faites-le bouillir, et servez-vous en.

Du brochet.

Si on le sert pour rôt, on ne l'écaille point; on en ôte seulement les ouies; après l'avoir vidé, on le fait cuire dans le court-bouillon, dont on vient de donner la recette.

On l'emploie aussi en matelotte, et il se sert aussi mariné et frit.

Si on veut s'en servir pour entrées de différentes façons, on l'écaille, on le coupe en tronçons, et on le fait cuire au court-bouillon; quand il est cuit et prêt à être servi, on le dresse sur un plat, en mettant dessous la sauce que l'on jugera la plus convenable.

Brochet à l'étuvée.

Faites un roux avec du beurre et de la farine; mettez-y une chopine de bon vin rouge; un bouquet de fines herbes, trois ou quatre clous de girofle, vingt à vingt-quatre petits oignons à moitié cuits, du poivre, du sel, et enfin le brochet coupé en morceaux; faites mijoter à un feu doux jusqu'à entière cuisson ; ôtez le bouquet de fines herbes, mettez un morceau de beurre au moment de servir, ajoutez deux anchois hachés et une cuillerée de câpres ; garnissez avec du pain frit, et versez la sauce sur le poisson ; joignez, si vous le jugez à propos, des culs d'artichauts, des champignons, etc.

De l'anguille.

On sert l'anguille de plusieurs façons : sur le gril, en fricassée de poulets, avec des ragoûts de champignons. Quand elle est grosse, on la fait cuire à la broche, enveloppée de papier beurré ; on l'emploie aussi en gras de plusieurs façons, ainsi qu'à garnir des entrées grasses ; elle donne aussi son contingent dans les matelottes.

Anguille à la poulette.

Dépouillez une anguille ; coupez-la en tronçons, que vous mettez dans une casserole avec du sel, gros poivre, muscade, et un poulet garni ; passez-la au beurre, et changez-la ; mouillez avec une bouteille de vin de Champagne ; ajoutez-y un maniveau de champignons bien blancs ; votre anguille cuite, égoutez-la, et dressez-la sur un plat, avec des croûtons de pain frits entre chaque morceau ; mettez-la ou dans un vol-au-vent ou dans une croûte de pâté chaud ; faites réduire la sauce après l'avoir dégraissée, et, lorsqu'elle est liée avec trois jaunes d'œufs, passez-la à l'étamine, et vanez-y un bon morceau de beurre frais.

Anguille à la tartare.

Dépouillez votre anguille; coupez-la par tronçons, plus ou moins gros; faites-la cuire dans du court-bouillon avec un peu de sel; lorsqu'elle est froide, vous l'égoutez dans de la mie de pain; vous la repanez de nouveau à l'anglaise, et lui faites prendre couleur sur le gril; dressez-la sur un plat, et mettez dans une saucière une rémoulade, dans laquelle vous incorporez la cuisson réduite de l'anguille.

De la carpe.

La carpe est un des poissons d'eau douce dont on fait le plus d'usage en cuisine. Quand la carpe est grosse, elle se sert au bleu pour un plat de rôt; mêlée avec d'autres poissons, on l'emploie en matelotte; quand elle est seule, sans autres poissons, elle s'appelle étuvée; elle se sert encore frite, et de plusieurs façons, soit au gras, soit au maigre.

Carpe au bleu.

Videz une carpe, sans lui ouvrir trop le ventre; prenez garde sur-tout de crever l'amer, et d'endommager ses écailles; ôtez-lui ses ouies, sans gâter la langue, et mettez-la dans une poissonnière; faites bouillir un demi-litre de vinaigre rouge, que vous verserez dans son ébullition sur votre carpe, pour lui donner une couleur bleue; mouillez-la d'une braise maigre ou grasse; couvrez-la d'un papier beurré; faites-la cuire à petit feu; sa cuisson achevée, égoutez-la; placez votre carpe sur une serviette bien blanche, proprement arrangée sur votre plat, et, après l'avoir couronnée de persil, servez-la.

Carpe grillée, sauce aux câpres.

Après avoir écaillé et vidé votre carpe, vous la mettez sur un plat, avec du sel, du poivre et de l'huile; posez-la ensuite sur le gril, à un feu modéré; quand elle est grillée à point, vous la dressez sur votre plat, et la masquez avec une sauce aux câpres.

Matelotte.

Prenez une carpe, un brochet et une anguille; appropriez-les et les coupez par petits morceaux; mettez-les dans une casserole, avec carottes et oignons en tranches, un bouquet garni et un maniveau de champignons bien blancs et bien lavés, sel, gros poivre et muscade; mouillez-les avec trois bouteilles de vin, et les faites bouillir à grand feu, jusqu'à ce que votre poisson soit cuit, un quart-d'heure est plus que suffisant; faites roussir quelques petits oignons dans du beurre, et les faites cuire en particulier, avec le même mouillement, afin qu'ils ne s'écrasent point; dressez votre matelotte sur le plat, vos champignons et vos oignons par-dessus; passez le fond au tamis de soie, et l'incorporez dans quatre cuillerées à pot d'espagnole; faites réduire de manière qu'elle puisse masquer vos morceaux de poisson ; vous la retirez du feu, et y vanez trois quarterons de beurre frais.

De la truite commune et de la saumonée.

La truite commune à la chair blanche, et la saumonée rouge ; les apprêts se font de même ; on les fait cuire dans un court-bouillon ; si on veut les faire aller pour entrée, on sert une sauce dessus comme pour les autres poissons ; on peut aussi les faire cuire sur le gril, en suivant le même procédé que pour les autres poissons, et on les sert avec un ragoût maigre ; elles s'accommodent quelquefois en gras comme le saumon frais.

Truite au court-bouillon.

Après avoir vidé votre truite, sans lui ouvrir le ventre et sans l'écailler, vous la lavez et vous l'essuyez bien ; ficelez-lui la tête ; mettez-la dans une poissonnière, et faites-la cuire dans un court-bouillon ; faites-la mijoter une heure, plus ou moins, suivant sa grosseur ; vous la servez pour rôt, sur une serviette que vous ployez sur un plat, en semant du persil autour.

De la perche.

Otez les ouies, et videz-la ; ne lui ôtez que la moitié de ses œufs ; faites-la cuire dans un court-bouillon avec du vin blanc ; quand elle est cuite, épluchez-la de ses écailles ; dressez-la sur le plat que vous devez servir, pour mettre dessus une sauce aux câpres ou autre, ou quelque ragoût maigre; si vous la servez en gras, ce sera la sauce ou le ragoût qui en fera la différence.

De la tanche.

Pour l'écailler, on la limone, en faisant bouillir de l'eau dans un chaudron; mettez-la dans l'eau bouillante, et retirez-la après l'y avoir laissée un moment; écaillez-la en commençant par le côté de la tête, et prenez garde d'enlever la peau et de l'écorcher; après ces opérations, videz-la, lavez-la, et ôtez les nageoires; faites-la cuire sur le gril comme les autres poissons, et servez avec les mêmes sauces. Elle se sert aussi en fricassée, après l'avoir coupée par morceaux.

Tanche à l'étuvée.

On suit les mêmes procédés que pour la carpe. (Voyez *Carpe*.)

Tanche à la poulette.

Après l'avoir écaillée et limonée, vous la préparez comme l'anguille à la poulette. (Voy. *Anguille à la poulette*.)

Tanches frites.

Après avoir vidé et bien lavé vos tanches dans un linge, vous les ouvrez par le dos; vous les saupoudrez avec un peu de sel; vous les frottez de farine et les mettez dans une friture de sain-doux bouillant; faites-leur prendre une belle couleur; faites-une sauce avec un anchois, des champignons, des truffes et des câpres, le tout haché bien menu, et mijoté dans du jus de viande avec le jus d'un citron et un peu de coulis de poisson.

De la lotte ou barbote.

Il faut limoner ce poisson; après cette opération, on le fait cuire dans le court-bouillon, pour qu'il ait plus de goût; on la sert aussi frite, après l'avoir préalablement marinée; quand elle est de belle couleur, on la sert sur une serviette pour un plat de rôt.

De la lamproie.

La lamproie ressemble à l'anguille, il y en a de rivière et de mer; il faut la limoner; vous la coupez par tronçons, et la préparez comme l'anguille à la poulette (voyez *Anguille à la poulette*).

On la fait cuire sur le gril comme les autres poissons, et on la sert avec une sauce aux câpres, ou une sauce à la rémoulade.

Du barbillon, meûnier, goujon, et de la brême.

Le barbillon se sert en étuvée comme la carpe, il se met aussi sur le gril, quand il est gros; on emploie le même procédé pour le meûnier; le goujon se sert frit; la brême se sert cuite sur le gril avec une sauce blanche; on la sert aussi frite pour un plat de rôt.

Barbillon sur le gril.

Votre barbillon écaillé et vidé, vous le

mettez sur un plat, avec du persil, de la ciboule, du sel, du poivre et de l'huile ; trois quarts-d'heure avant de le servir, vous le posez sur le gril à un feu modéré ; quand il est grillé, vous le masquez avec une sauce aux câpres.

Étuvée de goujons.

Écaillez, videz et essuyez vos goujons ; mettez dans le fond du plat que vous devez servir, du persil, de la ciboule, des champignons, deux échalottes, du thym, du laurier, du basilic, le tout haché menu, sel et gros poivre ; arrangez dessus les goujons, et assaisonnez-les dessus comme dessous ; mouillez avec un verre de vin rouge ; couvrez votre plat, et faites bouillir sur un bon feu, pendant un quart-d'heure, jusqu'à ce qu'il ne reste que peu de sauce, et servez.

Goujons frits.

Après avoir écaillé, vidé et essuyé vos goujons sans les laver, vous les mettez dans une bonne friture bouillante ; retirez-les après sept ou huit minutes de cuisson, et servez.

Des écrevisses.

Les écrevisses sont un mets recherché par les gourmets ; celles de la Seine et du Rhin sont estimées les meilleures ; elles se mangent communément cuites dans un court-bouillon ; quand elles sont cuites, on les dresse sur une serviette avec du persil.

On fait aussi d'excellens coulis des coquilles d'écrevisses.

Les queues servent ordinairement à garnir des entrées, ou à border un plat à potage d'écrevisses.

Des grenouilles.

Des grenouilles, il n'y a que les cuisses de bonnes, en sorte qu'il faut leur couper absolument les pattes et le corps.

Grenouilles en fricassée de poulets.

Passez vos grenouilles dans l'eau bouillante; retirez-les à l'eau fraîche et les mettez dans une casserole avec des champignons, un bouquet de persil, ciboule, une gousse d'ail, deux clous de girofle, un morceau de beurre; passez-les sur le feu deux ou trois tours, et mettez-y une pincée de farine; mouillez avec un verre de vin blanc, un peu de bouillon, sel, gros poivre; faites cuire un quart-d'heure et réduire à courte sauce; mettez-y une liaison de trois jaunes d'œufs, un morceau de beurre et du persil haché.

Turbot au court-bouillon.

Après avoir ôté les ouies, faites une ouverture au ventre du côté noir, et ôtez-en les boyaux du même côté; enlevez, par le moyen d'une incision au dos, un nœud de son arête. Vous lui bridez la gueule avec une aiguille et le frottez avec du citron, afin qu'il soit bien blanc; faites-le cuire dans une eau de sel lé-

gère et tirée à clair; une heure suffit; prenez
bien garde qu'il ne bouille; vous l'égouttez un
quart-d heure; avant de servir, et après l'avoir
débridé, vous le mettez sur une planche couverte d'une serviette ; vous garnissez les parties défectueuses avec du persil en branches;
comme on le préfère à l'huile, mettez une
sauce blanche dans une saucière; dans cette
sauce, il doit y avoir un beurre d'anchois.

Turbot en salade.

Faites-le cuire comme ci-dessus, et lorsqu'il
est froid, coupez-le en morceaux de la grosseur et de la forme que vous voulez; vous le
dressez sur le plat et le garnissez avec des
cœurs de laitues, des œufs durs, des anchois,
des cornichons, des câpres, de l'estragon en
branches, des petits oignons blancs cuits dans
du consommé, etc.; pour sauce, vous délayez
dans une casserole un peu d'huile avec du vinaigre, du sel, du poivre et de la ravigotte
hachée.

Turbot aux câpres.

Après avoir bien lavé et séché un petit turbot, mettez dans une casserole un peu de
thym, du persil, des fines herbes, et un oignon
coupé en tranches; placez ensuite votre turbot dans cette casserole; semez sur lui les
mêmes herbes que celles sur lesquelles il re-
pose avec quelques ciboules et du basilic;
versez dans la casserole une dose égale de vin
et de vinaigre blanc, de telle sorte que le

poisson en soit couvert; saupoudrez-le avec un peu de sel gris et de poivre en grain; mettez la casserole sur un feu doux que vous animerez graduellement jusqu'à parfaite cuisson; retirez ensuite la casserole, et laissez-y le turbot; mettez dans une autre casserole une livre de beurre, deux anchois désossés et lavés, deux grandes cuillerées de câpres hachées bien menues, quelques ciboules entières, un peu de poivre, de sel, de muscade rapée, de farine, une cuillerée de vinaigre et un peu d'eau; vous mettrez cette casserole sur le feu, que vous remuerez quelque temps; remettez-le sur le feu; quand il est réchauffé, dressez-le sur un plat; versez par-dessus un peu de sauce, et mettez du raifort autour; servez la sauce qui reste, dans une saucière.

DES POISSONS DE MER ET DE FLEUVES.

*O*N *comprend sous cette dénomination le turbot, la barbue, l'esturgeon, l'alose, le cabillaud ou morue fraîche, la morue salée, la merluche, la limande, le carrelet, la sole, la plie, le mulet ou le surmulet, l'éperlan, le maquereau, le thon et la thontine, la vive, la macreuse, la sardine, le rouget, le hareng frais, le merlan, l'anchois, le bar, le vaudreuil, la lubine.*

En coquillages, *l'écrevisse de mer, les homars, les moules, les huîtres.*

Du saumon.

Le saumon se coupe en tranches ou bardes; on le fait mariner avec huile, sel et poivre; après quoi on le fait griller; on sert ordinairement dessous des sauces au beurre.

On le sert aussi cuit au court-bouillon, avec les mêmes sauces ou ragoûts.

En l'employant pour un plat de rôt, on ne l'écaille point; quand il est cuit, on le met à sec sur une serviette et du persil vert autour.

Si on l'emploie pour entrée, on l'écaille, et on laisse le morceau entier comme pour rôt.

Saumon au bleu.

Videz votre saumon sans lui couper le ventre; lavez-le et essuyez-le bien, mettez-le dans une poissonnière, et faites-le cuire dans une marinade pendant deux heures, plus ou moins selon sa grosseur; faites bouillir doucement le court-bouillon, sans cela il ne cuirait pas; auparavant de le servir, égoutez-le bien; mettez une serviette sur votre plat, le saumon dessus, et du persil à l'entour.

Saumon à la rémoulade.

Prenez une dalle de saumon que vous ferez cuire dans un court-bouillon; après quoi, vous l'égouterez, l'écaillerez et la dresserez avec une rémoulade dessous; garnissez le dessus de votre dalle avec des anchois dessalés, vous pouvez aussi la servir au beurre de Montpellier.

Saumon grillé aux câpres.

Marinez une dalle de saumon avec de l'huile, du sel et du gros poivre ; si cette dalle est épaisse, il faut une heure pour la cuire ; dressez-la sur un plat avec une sauce au beurre et des câpres que vous semerez dessus.

De l'esturgeon.

La chair de ce poisson a beaucoup de consistance ; après l'avoir vidé et lavé, on le fait cuire dans une poissonnière, on le masque d'une poêle aromatisée que l'on mouille avec du vin, et qu'on met sur le poisson.

Il se sert cuit à la broche ; on le fait mariner alors deux ou trois heures ; on peut aussi le faire cuire au court-bouillon comme le saumon, et le servir avec les mêmes sauces.

Esturgeon en marinade.

Faites cuire une dalle d'esturgeon dans une marinade pendant une bonne heure ; vous pouvez la faire bouillir, et lui donner la forme que vous voulez ; vous l'égoutez et le glacez d'une belle couleur ; servez-le chaudement avec une poivrade.

Esturgeon au four.

Faites une marinade avec très-peu de sel ; incorporez-y une pinte de bon consommé et faites-la réduire à un quart ; par ce moyen elle sera extrêmement corsée ; mettez votre esturgeon dans un plat à sauter, avec cette marinade, et faites-le cuire au four, en le retournant et en l'arrosant de temps en temps ; lorsqu'il est cuit, vous le glacez d'une belle couleur, et vous faites une sauce avec sa marinade, que vous incorporez dans de l'espagnole, que vous faites réduire à son point.

De l'alose.

Les aloses se servent entières ou par moitié ; si vous les employez pour un plat de rôt, alors vous les videz et ne les écaillez point, et les faites cuire dans un court-bouillon ; si vous les servez pour entrée, alors vous les écaillez et les assaisonnez d'une sauce aux câpres, à l'huile, ou à l'italienne.

Aloses grillées.

Après avoir écaillé et vidé vos aloses, vous les fendez un peu par le dos, et les faites mariner avec un peu d'huile ou un peu de beurre, sel, poivre ; mettez-les sur le gril, et arrosez-les de temps en temps avec leur marinade ; étant grillées à point, servez-les avec une sauce aux câpres et anchois.

Du cabillaud, ou morue fraîche.

Le cabillaud, ou morue fraîche, se fait cuire dans une eau de sel.

Videz votre cabillaud et lavez-le ; faites une eau bien salée, parce que ce poisson ne prend pas plus de sel qu'il ne faut ; quand elle sera claire, ficelez la tête de votre cabillaud; mettez-le dans la poissonnière, et l'eau de sel par-dessus; faites-le cuire à très-petit feu, et sans bouillir.

Si vous le servez pour relevé, ajoutez-y une sauce à la crème ou une sauce hollandaise.

Si c'est pour rôt, servez-le à sec sur un plat, sur lequel il y aura une serviette et des feuilles de persil à l'entour.

De la morue salée.

Après avoir dessalé votre morue, vous l'écaillez; faites-la cuire un moment dans un chaudron avec de l'eau de rivière, et sans bouillir; cuite, on la retire, on l'égoute, et on la sert avec une sauce blanche, ou une sauce un peu relevée.

Morue à la maître d'hôtel.

Après avoir fait les préparations nécessaires à votre morue, et l'avoir fait cuire de la manière indiquée ci-dessus, vous l'égoutez, la déficelez, et la mettez sur son plat, garnie autour de pommes de terre entières, cuites dans de l'eau et du sel; masquez-la avec une sauce à la maître d'hôtel, dans laquelle vous verserez quelques gouttes de citron.

Brandade de morue.

Après avoir ôté les arêtes d'une crête de morue, vous l'écrasez avec vos doigts et la mettez dans une casserole, avec une gousse d'ail hachée, deux jaunes d'œufs et une cuillerée de crême double; mettez-la sur un fourneau bien doux, en la remuant toujours; faites-lui boire peu-à-peu une bonne demi-livre d'huile fine; servez-la chaudement, avec des croûtons passés au beurre autour.

Morue aux câpres et aux anchois.

Faites cuire votre morue dans de l'eau de rivière; après l'avoir bien égoutée, dressez-la chaudement dans le plat que vous devez servir; mettez par-dessus une sauce aux câpres et aux anchois.

Morue à la provençale.

Ayez de la morue cuite à l'eau, bien égoutée; prenez le plat que vous devez servir; mettez dans le fond de l'échalotte, un peu d'ail, persil, ciboules, du citron en tranches, la peau ôtée, de gros poivre, deux cuillerées d'huile, gros comme la moitié d'un œuf de beurre; arrangez la morue dessus; remettez par-dessus le même assaisonnement que dessous, et panez ensuite avec de la chapelure de pain; mettez le plat sur un petit feu, pour qu'elle bouille doucement; faites-lui prendre couleur par-dessus avec une pelle rouge.

De la raie.

On en distingue de deux espèces, la commune et la bouclée; cette dernière est la plus estimée. Voici les différentes manières de la préparer et de l'accommoder.

3ᵉ édit.

Raie à la bourgeoise.

Faites cuire votre raie dans un chaudron ou une terrine, avec de l'eau, du vinaigre, quelques tranches d'oignons, et un peu de sel, après l'avoir bien lavée avec de l'eau fraîche, et lui avoir ôté l'amer du foie; ne lui faites faire que deux bouillons, afin qu'elle ne cuise pas trop; retirez-la ensuite sur un plat pour l'éplucher; remettez-la sur le fourneau avec un peu de son court-bouillon; prête à la servir, égoutez-la, et mettez-y ou une sauce au beurre, avec des câpres et des anchois, ou une sauce à l'huile, etc., ou enfin telle autre sauce que vous jugerez la plus convenable.

Raie au beurre noir.

Faites cuire votre raie comme la précédente; nétoyez-la et parez-la de même; faites frire du persil en feuilles, que vous mettrez autour de votre poisson, et que vous masquerez de beurre noir.

Raie à la sauce blanche.

Faites cuire votre raie dans un court-bouillon; quand elle est cuite, vous en ôtez la peau de dessus des deux côtés; vous la parez, et la mettez sur le plat; vous la masquez d'une sauce blanche avec des câpres par-dessus, ou bien avec des cornichons coupés en dés.

Sole, carrelet, plie et barbue aux câpres.

On apprête ces poissons de la même manière

que le turbot aux câpres. (Voyez *Turbot aux câpres.*)

Carrelets grillés.

Videz et lavez vos carrelets; essuyez-les; ensuite vous les huilez et y ajoutez du sel, du poivre; prenez des chalumeaux de paille que vous mettez sur le gril, et vos carrelets par-dessus; grillez-les à petit feu, et ensuite dressez-les sur votre plat, et les masquez d'une sauce italienne maigre.

Plies.

Après avoir vidé et nétoyé vos plies, faites-les cuire dans un court-bouillon; leur cuisson achevée, dressez-les sur un plat, et mettez dessus une sauce italienne.

Plies grillées, sauce aux câpres.

Videz et nétoyez vos plies; cisclez-les; mettez du sel, du poivre, de l'huile; une demi-heure avant de servir, posez-les sur le gril à un feu peu ardent; lorsqu'elles sont cuites, dressez-les sur le plat, et masquez-les d'une sauce au beurre, semée de câpres dessus.

Limandes sur le plat, à la bourgeoise.

Vos limandes nétoyées et vidées, faites fondre sur votre plat un morceau de beurre; mettez un peu de muscade râpée; arrangez vos limandes sur votre plat; ajoutez l'assaisonnement; arrosez-les avec un verre de vin blanc; vous les masquez ensuite avec de la chapelure de pain ; posez-les sur le fourneau, un four de campagne par-dessus.

Des éperlans.

On ne les vide point, mais on les lave bien, et on les essuie entre deux linges ; après quoi on les farine, et on les fait frire à grand feu. Ils se servent pour un plat de rôt.

Vous pouvez aussi les servir entre deux plats, à la bourgeoise, pour entrées, comme on le fait à l'égard des soles, limandes et carrelets.

Du maquereau et du surmulet.

Le maquereau se vide, se lave et se fend le long du dos.

Il faut écailler le surmulet, le vider, le laver, et le couper un peu sur les deux côtés.

Ces deux poissons, bien essuyés, s'accommodent de même ; on les fait cuire sur le gril ; quand ils sont cuits, on les sert avec une sauce blanche aux câpres et aux anchois.

Maquereaux à la maître d'hôtel.

Videz et lavez bien vos maquereaux ; faites-les cuire sur le gril dans un papier gras, fendus par le dos, et farcis d'un bon morceau de beurre frais, manié de fines herbes assaisonnées, et du jus d'un citron.

Du thon.

Le thon est un gros poisson qui se pêche sur les côtes de Provence, d'Espagne et d'Italie, et que l'on expédie en province, tout mariné ;

on le mange ordinairement en salade; mais dans les endroits où l'on peut en avoir de frais, on l'accommode comme le saumon frais.

Thon à la provençale.

Arrangez votre thon sur le plat que vous devez servir sur table, avec de l'excellent beurre, du persil et de fines herbes bien hachées; panez-le de mie de pain, et faites-lui prendre couleur sous un four de campagne.

De la vive.

Votre vive écaillée, vidée et bien essuyée, coupez-la légèrement en cinq ou six endroits de chaque côté; faites-la tremper avec un peu d'huile, sel, poivre; faites-la griller ensuite, en l'arrosant de temps en temps avec le reste de votre huile; servez-la avec une bonne sauce au beurre ou aux câpres.

Du rouget.

Ce poisson ne s'écaille point; on le vide, on le lave, on en garde les foies, on le fait cuire sur le gril comme la vive, et on le sert avec les mêmes sauces; on a soin de mettre les foies dans la sauce que l'on veut servir dessus.

Harengs frais à la bourgeoise.

Écaillez, lavez et essuyez vos harengs avec un linge; faites-les cuire sur le gril; leur cuisson achevée, servez-les avec la sauce suivante.

Mettez dans une casserole un morceau de beurre, un peu de farine, un filet de vinaigre ou du jus de citron, une cuillerée de moutarde, du sel, du poivre et un peu d'eau ; faites lier la sauce sur le feu, et masquez-en vos harengs.

Harengs sorés à la Sainte-Menehould.

Prenez une douzaine de harengs sorés, coupez-leur le bout de la tête et de la queue ; mettez-les tremper quatre heures dans l'eau, et ensuite deux heures dans un demi-setier de lait ; égoutez et essuyez-les ; trempez-les dans du beurre chaud, mêlé avec une feuille de laurier, thym, basilic hachés comme en poudre, deux jaunes d'œufs et de gros poivre ; panez-les à mesure que vous les trempez dans le beurre, et faites-les griller légèrement ; mettez, dans le fond du plat que vous devez servir, deux cuillerées de verjus ; dressez les harengs dessus.

Sardines à la bourgeoise.

Elles se préparent et s'accommodent comme les harengs frais à la bourgeoise (Voy. *Harengs frais à la bourgeoise*).

Du merlan.

La manière la plus ordinaire d'employer ce poisson, est de le servir frit, d'une belle couleur dorée, et saupoudré de sel blanc ; lorsque cette friture est bien croquante, le merlan, ainsi accommodé, forme un rôti en maigre ; on le sert en entrées de diverses façons, et assaisonné de différentes sauces ; c'est le poisson le plus estimé et le plus recherché pour faire les farces à quenelle maigres.

Merlans frits.

Lavez, videz vos merlans; dépouillez-les de leur peau; donnez-leur la forme d'un cercle, en leur mettant la queue dans le bec; séchez-les dans un linge, et frottez-les par-tout avec de la farine; mettez dans la poêle à frire assez de sain-doux pour les couvrir, et quand il est bouillant, jetez-les dedans, et laissez-leur prendre une belle couleur; faites-les égouter sur une toile claire, et dressez-les ensuite sur un plat chaud; servez-les avec une sauce aux crevettes, ou aux anchois.

Merlans grillés.

Videz, lavez vos poissons; séchez-les bien dans un linge, et frottez-les d'un peu de vinaigre; passez-les à la farine; frottez le gril avec du beurre, et laissez-le bien chauffer avant d'y poser vos poissons, autrement ils s'y attacheraient; retournez-les deux ou trois fois pendant la cuisson; quand ils sont cuits, mettez autour des cornichons avec du beurre bien chaud, et servez.

Du vaudreuil.

Ce poisson a la chair très-blanche et sert à faire de bonnes farces en maigre; on le fait cuire avec du vin blanc, un verre d'huile, sel, poivre, oignons, racines, ail, persil, ciboules, et tranches de citron.

CUISINIÈRE

De la thontine.

La thontine est un poisson qui n'est qu'en pattes; quand on l'a lavée, elle rend l'eau noire comme de l'encre; les pattes servent à faire des farces, et le corps se fait cuire et se sert comme le vaudreuil.

De la lubine.

Ce poisson se fait cuire de la même façon que la morue; on le sert aussi de même.

Du bar.

Après l'avoir vidé, lavé, faites-le cuire dans du vin blanc, avec du beurre, de l'eau, sel, poivre, oignons, racines, persil, ciboules; quand il est cuit et bien égouté, servez-le, pour un plat de rôt, sur une serviette garnie de persil vert.

Si vous voulez le servir en entrée, faites-le mariner une demi-heure avec un peu d'huile, sel, poivre; mettez-le sur le gril, et l'arrosez de temps en temps avec l'huile qui reste dans le plat; quand il est cuit, servez-le avec une sauce un peu relevée.

De la macreuse.

La macreuse, dont on fait peu d'usage en cuisine, se fait cuire dans un court-bouillon; sa cuisson est de cinq à six heures; on la sert avec une sauce hachée, ou avec un ragoût de laitances, de câpres et de champignons.

Des anchois.

Les anchois servent ordinairement, après qu'on les a bien lavés et qu'on en a ôté l'arête, à faire des salades et à mettre dans les sauces.

Anchois frits.

Faites dessaler vos anchois ; trempez-les dans une pâte faite avec de la farine, une cuillerée d'huile, et délayée avec du vin blanc ; faites en sorte que la pâte ne soit pas trop liquide ; quand ils sont frits et qu'ils ont pris une belle couleur, servez-les pour entremets.

Écrevisses de mer, homars et crabes.

On les sert de la même façon ; on les fait cuire à grand feu pendant une demi-heure avec de l'eau et du sel ; à la place de l'eau, vous pouvez substituer du vin ; étant refroidis dans leur cuisson, frottez-les d'huile, pour leur donner belle couleur ; cassez-leur les pattes auparavant ; ouvrez l'écrevisse ou le homar par le milieu ; servez-les froids sur une serviette, et les grosses pattes autour.

Moules à la poulette.

Après les avoir bien lavées, ratissez leurs coquilles ; égoutez-les et les mettez à sec dans une casserole sur un bon feu de fourneau ; la chaleur les fera ouvrir ; vous les éplucherez après une à une ; ayez soin d'en ôter les crabes, si vous en trouvez ; mettez vos moules, après les avoir ôtées de leurs coquilles, dans une casserole avec un morceau de bon beurre, persil, ciboules hachés; passez-les sur le feu; jetez-y une petite pincée de farine; mouillez avec un peu de vin blanc; mettez une liaison de trois jaunes d'œufs; faites lier votre sauce, et mettez-y après un filet de verjus ou de vinaigre.

Des huîtres.

Les huîtres se mangent crues avec du poivre; il ne s'agit alors que de les ouvrir et de les avaler; quelques gourmets, et sur-tout les femmes, versent dessus du jus de citron.

On en sert aussi dans leurs coquilles, cuites sur le gril, feu dessous et pelle rouge par-dessus; quand elles commencent à s'ouvrir seules, alors elles sont cuites.

Elles servent aussi à faire des ragoûts pour mettre avec différentes viandes, comme poulets, poulardes, pigeons, sarcelles; pour lors on les fait blanchir dans l'eau à très-petit feu; on les met après dans de l'eau fraîche; on les retire ensuite, pour bien les égouter sur un tamis; ayez ensuite un coulis gras sans sel; mettez-y deux anchois hachés et vos huîtres; faites-les chauffer sans bouillir, et servez avec ce que vous jugerez à propos.

LÉGUMES ET RACINES.

Les légumes et les racines sont une grande ressource pour les petits ménages, où il y a plus d'appétit que d'argent; en leur indiquant l'usage que l'on peut en faire, et la façon de les accommoder d'une manière aussi bonne qu'économique, nous aurons rempli notre but, qui est celui de faire beaucoup avec peu.

Des pois.

Les petits pois se mangent pendant trois mois, juin, juillet, août; les plus tardifs sont les pois carrés; quoique plus gros, ils n'en sont pas moins tendres.

Les pois verts se servent avec toutes sortes de viandes, et font d'excellens ragoûts; ils s'emploient aussi en gras et en maigre pour entremets.

Les pois secs servent à faire de la purée.

Petits pois à la bourgeoise.

Prenez deux litrons de petits pois, que vous lavez et maniez dans une casserole avec un morceau de beurre, un bouquet de persil et ciboules; ajoutez-y un petit morceau de sucre; passez-les à grand feu, et mouillez-les avec une eau de sel claire et légère; quand cette eau est réduite, et que vos pois sont cuits, ôtez le bouquet, retirez-les du feu, et liez-les avec un quarteron de beurre frais, lequel vous aurez manié auparavant avec une très-petite pincée de farine.

Des pois secs.

Les pois normands sont estimés les meilleurs, n'étant point piqués de vers, et plus tendres à cuire; ils servent à faire de bonnes purées, avec lesquelles on fait d'excellens potages.

Des pois goulus.

On appelle pois goulus ceux dont on mange tout ; quand ils sont bien tendres et verts, on les fait cuire avec leurs cosses, et on les accommode comme les petits pois.

Des haricots verds.

Vos haricots épluchés et lavés, mettez de l'eau et du sel dans un chaudron; faites-la bouillir et jetez-y vos haricots; lorsqu'ils fléchissent sous les doigts, vous les retirez, vous les laissez égouter dans une passoire, et les mettez dans l'eau froide ; jetez ensuite un morceau de beurre dans une casserole ; mettez-y vos haricots bouillans, avec du sel, du gros poivre, du persil haché et blanchi, liez-les à tour de bras, et servez-les chaudement.

Haricots verts au jus.

Prenez des haricots de Soissons, et faites-les cuire dans de l'eau de sel légère ; jetez-les tout bouillans dans une casserole; ajoutez-y une cuillerée de sauce tournée, un morceau de beurre, du persil haché et blanchi, et un jus de citron ; liez-les enfin à tour de bras.

Haricots secs à la provençale.

Prenez un litre de haricots de Soissons, que vous mettez dans un petit plat de terre, avec du bouillon, quatre ou cinq cuillerées d'huile, un petit morceau de beurre, deux oignons en tranches, du persil haché, un bouquet garni, une cuisse d'oie ou du petit salé, poivre, sel, muscade ; faites-les cuire pendant quatre heures, plus ou moins, de manière que lorsqu'ils sont arrivés à leur cuisson, ils se trouvent liés à leur point.

Les lentilles sèches et les pois secs se font cuire de même ; et, en général, c'est la meilleure manière de préparer les légumes secs.

Haricots blancs nouveaux à la bourgeoise.

Faites cuire vos haricots dans l'eau avec du sel et peu de beurre ; quand ils sont cuits, égoutez-les ; après quoi, mettez dans une casserole un bon morceau de beurre avec vos haricots ; sautez-les, et ajoutez-y du persil haché, sel, poivre, un filet de vinaigre, ou de verjus, ou le jus d'un citron.

Des lentilles.

On distingue deux sortes de lentilles ; les lentilles ordinaires, qu'on doit choisir larges et d'un beau blond, et les lentilles à la reine, qui, plus petites, ne servent souvent qu'à faire des coulis.

Lentilles à la maître d'hôtel.

Faites cuire vos lentilles dans de l'eau avec un peu de sel ; égoutez-les et mettez-les dans une casserole avec un bon morceau de beurre, du persil haché, du sel et du poivre ; sautez le tout ensemble; après quoi vous servirez vos lentilles très-chaudes; vous y ajouterez, si bon vous semble, des croûtes de pain autour.

Des fèves de marais à la bourgeoise.

Ceux qui les mangent avec la robe doivent les faire cuire dans de l'eau pendant un demi-quart d'heure pour en ôter l'âcreté; communément elles se mangent dérobées; et la façon de les apprêter les unes et les autres est à-peu-près la même; lorsqu'elles sont cuites dans de l'eau de sel, avec un bouquet de sariette, égoutez-les sur un torchon blanc, et mettez-les dans une casserole, avec quatre ou cinq cuillerées de sauce tournée réduite, trois jaunes d'œufs et un peu de sel; ajoutez-y un bon morceau de beurre frais, et liez-les ensuite à tour de bras.

Choux.

Il y en a de trois espèces; les choux blancs, les choux verts, et les choux de Milan, qu'on peut tous mettre dans le pot au feu, ou avec du lard bien frais, ou bien accommoder de toute autre manière.

Choux au petit lard.

Coupez des choux par quartiers; après les avoir lavés, faites-les bouillir un quart-d'heure dans de l'eau; mettez-y du petit lard coupé par morceaux, tenant à la couenne; retirez-les après dans de l'eau fraîche; pressez-les bien, et les ficelez ; mettez-les cuire dans une braise avec le morceau de lard et la viande que vous desirez servir avec, en y ajoutant du sel, poivre, un bouquet de persil, ciboule, clous de girofle, deux ou trois racines ; la viande et les choux cuits, retirez-les pour les essuyer de leur graisse ; dressez-les sur un plat, le petit lard par-dessus.

Chou à la bourgeoise.

Après avoir lavé un chou, vous le faites bouillir un quart-d'heure dans l'eau ; retirez-le ensuite dans de l'eau fraîche ; laissez-le refroidir et le pressez sans en rompre les feuilles ; ôtez-les les unes après les autres, et mettez à chacune un peu de farce ; remettez ensuite les feuilles l'une sur l'autre, comme si le chou était entier ; ficelez-le par-tout, et faites-le cuire dans une braise ; pressez-le légèrement pour en faire sortir la graisse ; coupez-le en deux, et dressez-le sur le plat ; mettez par-dessus un bon coulis.

Choux-fleurs à la bourgeoise.

On nomme chou-fleur une espèce de chou dont la graine nous vient d'Italie. On s'en sert pour faire des entremets et garnir des entrées de viande : alors, pour cet usage, on les épluche, on les lave, et on les fait cuire dans de l'eau de sel et du beurre ; quand ils sont cuits, dressez-les sur un plat, et mettez dessous une sauce blanche ou une sauce au coulis.

Choux-fleurs en salade.

Après avoir épluché, lavé et fait cuire vos choux-fleurs dans de l'eau de sel, vous les retirez, les égoutez, et les laissez refroidir; vous les coupez alors en morceaux, et les assaisonnez de sel, vinaigre ou verjus, poivre, et bonne huile, et les servez.

Du persil et de la ciboule.

On les emploie fréquemment en cuisine; et ils sont d'une si grande utilité, qu'il n'est guère possible sans eux de faire un bon plat.

Du panais.

Le panais est une plante potagère dont on ne se sert en France que pour donner du goût au bouillon. En Angleterre on l'accommode de la manière suivante.

Panais à l'anglaise.

Faites-les bouillir dans beaucoup d'eau, et quand vous pourrez les piquer aisément avec une fourchette, ils seront assez cuits; alors servez-les entiers avec du beurre chaud, ou en purée dans une jatte, en y mêlant un peu de crème, du beurre, de la farine, et un peu de sel, le tout bien chaud.

Des carottes.

On s'en sert ordinairement pour mettre dans toutes sortes de potages, pour des braises, pour des coulis; on les emploie aussi de la manière suivante.

Carottes à la sauce blanche.

Vous les coupez proprement en tranches, et les faites blanchir; vous les faites cuire dans une chopine d'eau, et une idée de beurre et de sel; lorsqu'elles sont cuites, et que le mouillement est court, vous vous en servez pour faire une sauce blanche, avec du beurre et de la farine, et vous liez vos carottes.

Carottes à la flamande.

Après avoir tourné une certaine quantité de petites carottes, vous les faites blanchir un instant dans de l'eau; vous les mettez ensuite dans une casserole avec un petit morceau de beurre, très peu de sel; vous les faites suer sur la cendre chaude, jusqu'à ce qu'elles soient cuites; alors vous les retirez du feu, et vous les liez à tour de bras avec un bon morceau de beurre frais.

Cerfeuil, oseille, poirée, bonne-dame.

Toutes ces herbes sont excellentes pour faire de la bonne soupe et des ragoûts de farces. Vous les hachez très-menues pour faire de la farce; vous les faites cuire sans eau; ensuite vous les retirez, et les mettez dans une casserole, avec un morceau de beurre; vous y mettez une petite pincée de farine, et de la crême en proportion; vous assaisonnez d'un bon goût, et liez avec des jaunes d'œufs; servez avec des œufs mollets autour.

De l'oignon, et du petit oignon blanc.

L'oignon entre dans beaucoup de potages, dans les jus et dans les coulis.

Le petit oignon blanc est le plus estimé pour les ragoûts ; on ne l'épluche point, on n'en coupe que le bout de la tête et de la queue ; on le fait cuire dans l'eau un quart-d'heure ; on le retire après dans l'eau fraîche, et, après lui avoir ôté la première peau, on le fait lier dans du bouillon ; quand il est cuit, on y met deux cuillerées de coulis pour lier la sauce ; on l'assoisonne de bon goût, et on le sert avec ce que l'on juge à propos.

Cuits dans du bouillon, bien égoutés, et refroidis, ils se mangent en salade, avec sel, poivre, huile et vinaigre.

Du céleri.

Quand il est bien blanc et tendre, il se mange en salade avec une rémoulade de sel, poivre, huile, vinaigre et moutarde ; on s'en sert aussi pour mettre dans le pot ; mais il en faut mettre très-peu.

Si vous voulez le servir en ragoût avec quelque viande, faites-le tremper dans de l'eau pour le bien laver ; faites-le cuire une demi-heure dans de l'eau bouillante ; retirez-le dans l'eau fraîche ; pressez-le bien, et faites-le cuire avec du bon bouillon et du coulis ; assaisonnez-le de bon goût ; ayez soin de le dégraisser.

Quand il est cuit, servez-le avec la viande que vous jugerez à propos.

Des navets.

Les navets se mettent dans le pot, et servent aussi à faire des potages; ils servent aussi à des ragoûts pour mettre avec de la viande de boucherie ou de la volaille.

Du poireau.

On ne se sert ordinairement du poireau en cuisine que pour mettre dans le pot; il donne bon goût au bouillon. On le mange quelquefois en fricassée; mais ce mets est peu recherché: tout l'art des cuisiniers a échoué contre ce légume, qui ne peut se prêter en aucune manière aux métamorphoses de la cuisine.

Des laitues pommées et romaines.

Elles se mangent en salade; elles se servent aussi en ragoût et à garnir des potages; à cet effet, après les avoir épluchées et lavées, vous les faites blanchir et cuire dans du bouillon avec quelques bardes de lard; au moment de servir, vous les égoutez, les pressez dans un torchon, et les dressez en miroton sur un plat; vous mettez entre chaque laitue un croûton de pain glacé, et vous les saucez avec une espagnole bien corsée.

De la chicorée blanche ordinaire.

Elle se mange souvent en salade et sert quelquefois à faire des ragoûts; à cet effet, après l'avoir épluchée et lavée, faites-la bouillir un quart-d'heure dans de l'eau; retirez-la dans de l'eau fraîche pour la bien presser; après l'avoir hachée, mettez-la dans une casserole avec un morceau de beurre, sel, poivre et muscade; mouillez-la avec du velouté, et faites-lui boire une chopine de crême; lorsqu'elle est réduite, dressez-la sur un plat, avec des œufs mollets, ou des croûtons de pain autour.

Des cardes poirées.

Vos cardes épluchées et lavées, faites-les cuire dans un blanc; cuites, égoutez-les, et faites-les mijoter pendant quelques minutes dans du velouté, lequel, au moment de servir, vous lierez avec un morceau de beurre et quelques gouttes de jus de citron.

Cardons d'Espagne à la française.

Après avoir coupé vos cardons de la longueur de trois pouces, partagez-les en trois parties, c'est-à-dire, mettez les plus durs ensemble, les plus tendres et les moyens également séparés; commencez par faire blanchir les plus durs dans un chaudron d'eau bouillante; au bout d'un quart-d'heure, mettez les moyens; et au bout d'un autre quart-d'heure, mettez les plus petits; retirez-les tous à-la-fois un instant après, et en place d'une partie d'eau bouillante, remettez-en de la froide, afin que vous puissiez les limoner avec facilité; étant limonés, mettez-les dans une casserole, couverts de bardes de lard; mouillez-les avec du consommé et le jus d'un citron, et faites les cuire pendant quatre heures; au bout de ce temps, égoutez-les, et arrangez-les dans une terrine ou casserole qui puisse aller au feu ; mouillez-les avec quatre cuillerées de demi-glace de volaille sans sel, et les faites mijoter jusqu'au moment de les servir ; votre réduction terminée, prenez une espagnole clarifiée, dans laquelle vous vanez, gros comme un œuf de moëlle de bœuf, passée déjà au tamis à quenelle, et le jus d'un citron ; saucez-les et servez-les bouillans.

Des salsifis.

Ratissez-les pour en ôter la superficie noire ; quand ils seront blancs, mettez-les à mesure dans un vase où il y aura de l'eau et du vinaigre ; faites-les cuire après dans un blanc composé de farine, d'eau de jus de citron et de sel, et servez-les, soit avec une sauce à la crême, ou avec une sauce espagnole, avec un morceau de beurre ; si vous voulez les faire frire, faites-les mariner pendant quelques heures dans du vinaigre et un peu de sel ; trempez-les dans une pâte à frire, et les servez chaudement garnis de persil frit.

Des artichauts.

Ils servent à faire des entremets, et les culs à garnir toutes sortes de ragoûts.

Les artichauts se mangent communément après en avoir coupé le dessous et coupé à moitié les feuilles de dessus ; on les fait cuire dans l'eau avec un peu de sel ; cuits, on les met égouter, et on leur ôte le foin ; on les sert ensuite avec une sauce blanche un peu assaisonnée.

Ces mêmes artichauts, cuits et refroidis, se mangent aussi à l'huile, avec sel, poivre et vinaigre ou verjus.

Les petits artichauts verts se mangent à la poivrade ; on les met sur une assiette, et ils se servent pour hors-d'œuvre.

Artichauts frits.

Ayez des artichauts bien tendres ; coupez-les par morceaux ; ôtez-en le foin ; lavez et égoutez-les. Prêt à les faire frire, faites-les mariner dans une casserole avec une petite poignée de farine, deux œufs, blancs et jaunes, un filet de vinaigre, sel et poivre ; après quoi faites-les frire jusqu'à ce qu'ils soient jaunes, et servez-les avec du persil frit.

Des asperges.

Les asperges se mangent de plusieurs façons ; l'on en fait des ragoûts pour garnir des entrées ; elles servent communément pour entremets, avec une sauce blanche ou à l'huile, lorsqu'elles sont cuites à l'eau et refroidies.

Asperges en petits pois.

Prenez de petites asperges ; coupez-les de la grosseur d'un pois ; ayez un poêlon dans lequel il y a de l'eau bouillante et du sel ; faites cuire vos pointes d'asperges ; lorsqu'elles sont cuites, égoutez-les dans une passoire, et ensuite sur un torchon blanc ; mettez-les dans une casserole avec un petit morceau de beurre et un peu de sucre, et les passez avec une cuiller de bois sur un fourneau ardent; un instant après vous les retirez et les liez bien chaudes avec une liaison de deux jaunes d'œufs; servez-les chaudement, avec des œufs pochés ou mollets autour.

Du potiron et de la citrouille.

On ne s'en sert ordinairement que pour faire de la soupe au lait. (Voyez *Potage à la citrouille*).

Potiron en fricassée.

Faites cuire votre potiron dans l'eau; mettez-le ensuite dans une casserole avec un morceau de beurre, persil, sel et poivre; quand il a bouilli un quart-d'heurre, et qu'il ne reste plus de sauce, mettez-y une liaison de jaunes d'œufs avec de la crème et du lait.

Des concombres.

On s'en sert pour les ragoûts; on les emploie aussi en maigre et en gras.

Concombres à la crème.

Coupez les concombres en petits carrés; après les avoir épluchés, mettez de l'eau et du sel dans une casserole; quand elle bouillira, jetez-y les concombres; dès qu'ils fléchiront sous le doigt, retirez-les de l'eau pour les mettre dans de l'eau froide; laissez-les égouter dans un linge; faites une sauce à la crême un peu liée; mettez-les dedans, et servez-les sur votre plat.

Des épinards.

Ce légume, qui passe pour très-sain, s'administre aux malades et aux convalescens; il est aussi très-utile en cuisine, et figure sur les tables les plus somptueuses et les plus recherchées.

Des épinards à la bourgeoise.

Après les avoir épluchés et lavés, vous les faites cuire dans l'eau; vous les retirez après dans de l'eau froide pour les bien presser; vous les mettez ensuite dans une casserole, avec un morceau de beurre, peu de sel et de sucre, et les passez sur un fourneau très-vif, pour les rendre verts; mettez-y une pincée de farine, et mouillez-les peu-à-peu avec de la crême; au moment de servir, vous y mettez un bon morceau de beurre frais; servez-les chaudement avec des croûtons autour.

Si on veut les accommoder au gras, à la place de crême, on y met du coulis ou du jus de veau; apprêtés de cette façon, on peut les servir avec de la viande cuite à la broche.

Des pommes de terre.

Voyez, à la fin de l'ouvrage, les trente-six manières d'apprêter, d'accommoder et de servir ce légume.

Jusqu'ici aucun dispensaire n'a donné un aussi grand nombre de recettes. Les apprêts de ce légume, si utile à la classe la plus nombreuse de la société, se bornaient à les faire frire, à les mettre à la sauce blanche, etc.

Ce n'est point à M. G. de la Rey..., ni au fameux Baleine, que nous sommes redevables des trente-six manières d'accommoder la pomme de terre. De modestes ménagères, des cuisinières sans orgueil et sans présomption, nous ont communiqué leurs recettes, pour lesquelles on leur doit de la reconnaissance, pour un service aussi essentiel rendu à la pauvre humanité. Dans certaines sociétés scientifiques, on donne des médailles pour prix de découvertes moins précieuses que celles que nous annonçons. Nous réclamons la priorité pour les personnes qui nous ont fait part de leurs secrets.

Des melons.

Pour les choisir bons, vous les portez à votre nez; ils doivent sentir comme un goût de goudron, avoir la queue courte et grosse; en les pressant sous la main, il faut qu'ils soient fermes et non mollasses, qu'ils ne soient ni trop verts ni trop mûrs; ils se servent pour hors-d'œuvre au commencement d'un repas.

Des betteraves.

Les betteraves se font cuire dans de l'eau ou au four; on les mange en salade et en fricassée; pour les fricasser, lorsqu'elles sont cuites dans l'eau, vous les émincez et les liez avec une sauce à la crème.

Des cornichons et de la manière de les confire.

Ayez de petits cornichons; brossez-les sans les écorcher; mettez-les dans des pots de grés, avec de la passe-pierre, de l'estragon, quelques clous de girofle, des petits oignons; ayez du vinaigre, dans lequel vous ajouterez du sel; vous le ferez bouillir, et le verserez ainsi dans le pot où sont les cornichons et votre assaisonnement; le lendemain, faites-le encore bouillir jusqu'à trois fois; vous les couvrirez, quand ils seront froids, avec un parchemin ou du papier.

Des champignons, morilles et mousserons.

Ils entrent dans une infinité de sauces et ragoûts.

Pour avoir des morilles et des mousserons toute l'année, il faut les faire sécher; après avoir ôté le bout de la queue et les avoir lavés, vous les faites bouillir un instant dans l'eau; quand ils sont égoutés, vous les mettez sécher dans le four, dont la chaleur sera très-douce; étant secs, vous les serrez dans un endroit qui ne soit point humide; pour les employer, faites-les dégorger dans l'eau tiède.

Croûte aux champignons à la provençale.

Prenez une certaine quantité de champignons, et lavez-les sans les peler; mettez quelques cuillerées de bonne huile dans une poêle, et faites-les cuire ainsi sur un fourneau très-vif pendant sept à huit minutes; ajoutez-y, pendant qu'ils cuisent, du sel, poivre et muscade, des échalottes et du persil, le tout haché; versez-les dans le plat et sur une croûte de pain beurrée et séchée sur le gril.

Des câpres grosses et fines.

Les grosses servent ordinairement pour les sauces où il faut des câpres hachées; les fines s'emploient toujours à garnir des salades cuites et à mettre entières dans les sauces.

Des capucines et de la chia.

Les capucines se mettent sur les salades, et en font l'ornement; la chia se confit dans du vinaigre, comme le cornichon, et se mange de la même façon.

Des truffes.

Elles se mangent ordinairement cuites dans du vin et du consommé, assaisonnées de sel, poivre, un bouquet de fines herbes, de racines et oignons; vous ne les mettez cuire dans ce court-bouillon qu'après les avoir fait tremper dans l'eau tiède, et bien frottées avec une brosse, afin qu'il ne reste point de terre autour; cuites, vous les servez pour entremets sous une serviette; elles sont excellentes dans toutes sortes de ragoûts, soit hachées ou coupées en tranches, après les avoir pelées.

Truffes à la maréchale.

Prenez de belles truffes bien lavées et frottées avec une brosse ; mettez chacune, assaisonnée de sel, gros poivre, enveloppée de plusieurs morceaux de papier, dans une petite marmitte, sans aucun mouillement, cuire dans la cendre chaudement pendant une bonne heure, et les servez chaudement dans leur naturel.

Thym, laurier, basilic, sariette et fenouil.

Le thym, le laurier, le basilic, servent à mettre dans tous les bouquets où il est dit de mettre de fines herbes ; la sariette ne sert guère que pour les fèves de marais ; le fenouil sert pour les ragoûts ; vous le faites cuire un moment dans l'eau ; égouté, mettez-le sur la viande qui lui est destinée, sans qu'il trempe dans la sauce.

Du cresson alénois, cresson de fontaine, cerfeuil, estragon, baume, corne de cerf et pimprenelle.

Le cresson de fontaine se sert autour d'une poularde et chapon cuits à la broche ; on l'assaisonne de sel et d'un peu de vinaigre.

Le cresson alénois, le cerfeuil, l'estragon, le baume, la corne de cerf, la pimprenelle servent pour les garnitures de salades ; l'on fait aussi avec de petites sauces vertes ; mettez de tout suivant sa force, peu de baume et d'estragon ; ces herbes sont très-fortes ; faites cuire le tout un moment dans l'eau ; retirez-les à l'eau fraîche pour les bien presser, hachez-les très-fines, et maniez-les avec un morceau de beurre; jetez-les dans la sauce que vous jugerez à propos, sans bouillir, et passez à l'étamine.

De l'ail, rocambole et échalottes.

Vous vous en servez pour les ragoûts et sauces qui ont besoin d'être relevés, à moins que vous n'en vouliez faire quelque sauce particulière.

ŒUFS.

On compte à-peu-près deux cents et quelques manières d'apprêter les œufs; outre cet avantage, ils ont celui d'être la liaison nécessaire de la plupart des sauces, de tous les ragoûts maigres, de presque tous les entremets; ils sont de première nécessité dans toutes les espèces de pâtes, soit brisées, soit feuilletées, soit croquantes; sans eux, point de crèmes, point de pâtisseries, point d'entremets sucrés, et surtout point d'omelettes.

Les œufs de poule sont les seuls dont on se serve en cuisine; les œufs de canne y sont employés quelquefois, mais c'est à défaut des premiers.

Pour choisir les œufs, il faut les présenter à la lumière, et lorsqu'on les voit clairs et transparens, on peut être assuré qu'ils ne sont pas vieux; les œufs ainsi choisis s'appellent œufs mirés.

Des œufs mollets de toutes façons.

Mettez de l'eau dans un poêlon, faites-la bouillir; mettez dedans la quantité d'œufs que vous jugerez à propos; faites-les bouillir cinq minutes, et les retirez promptement dans l'eau fraîche; pelez-les tout doucement pour ne les pas rompre; par ce moyen le blanc sera cuit et le jaune mollet, vous sentirez sous les doigts qu'ils seront flexibles; vous les servirez entiers.

Ces sortes d'œufs se servent avec une sauce blanche, sauce verte, au coulis, aux câpres et anchois, au verjus de grain, sauce robert, ravigotte, avec ragoût de champignons, de truffes, de ris de veau, d'asperges, de cardes-poirées, de céleri, de laitues, de chicorée, en gras et en maigre, etc.

Des œufs à la coque.

Quand votre eau bout, mettez-y vos œufs pendant deux minutes (quelques cuisiniers prétendent qu'une minute suffit); retirez-les, et couvrez-les une minute pour leur laisser faire leur lait; servez-les dans une serviette.

Œufs au miroir.

Ayez un plat qui aille au feu; mettez dans le fond un peu de beurre étendu par-tout; cassez alors vos œufs, et mettez-les dessus; assaisonnez-les de sel, poivre, et deux cuillerées de lait (on peut, à la rigueur, se passer de lait); faites-les cuire à petit feu sur un fourneau; passez la pelle rouge dessus, et servez.

Omelette à la bourgeoise.

Cassez dans une casserole la quantité d'œufs que vous jugez convenable; saupoudrez-les de sel fin, et battez-les bien; faites fondre du beurre dans une poêle; mettez-y les œufs, et faites les cuire d'une belle couleur; renversez votre omelette dans le plat sur lequel vous devez servir.

Quelques personnes y ajoutent du persil et de la ciboule bien hachés.

Omelette au rognon de veau.

Hachez bien votre rognon, pour qu'il se mêle bien avec vos œufs; battez le tout ensemble, et faites cette omelette dans une poêle, comme celle ci-dessus; réglez sur l'assaisonnement qu'il y a dans le ragoût, pour saler l'omelette, afin qu'elle ne soit pas de trop haut goût.

Employez les mêmes procédés pour les omelettes au lard, aux pointes d'asperges, aux truffes, aux champignons, aux morilles et mousserons, etc.

Omelette aux harengs sores.

Ouvrez vos harengs par le dos, et faites-les griller; hachez-les menus, et mettez-les dans l'omelette, comme si vous mettiez du jambon;

il ne faut point de sel dans les œufs ; finissez cette omelette comme les autres.

Œufs au fromage.

Mettez dans le plat que vous devez servir quatre cuillerées de crème réduite, et cassez-y dix œufs ; prenez garde que le jaune ne crève ; saupoudrez-les de fromage de Parmesan râpé, et d'une pincée de mignonette ; faites-les cuire au four, et les rendez mollets.

Œufs frits.

Faites trois omelettes fort minces, de trois œufs chacune ; assaisonnez-les de persil, ciboule, sel, gros poivre ; à mesure que vous les faites, étendez-les sur un couvercle à casserole, et les roulez bien serrées ; coupez chaque omelette en deux, pour faire six morceaux des trois ; ensuite trempez-les dans un œuf battu, et les panez de mie de pain ; faites-les frire de belle couleur ; servez garni de persil.

Œufs à l'ail, ou à la provençale.

Faites cuire dans l'eau, pendant un demi-quart-d'heure, dix gousses d'ail ; pilez-les ensuite avec deux anchois et des câpres ; vous les délaierez après avec de l'huile, un filet de vinaigre, un peu de sel et de poivre ; mettez cette sauce dans le fond du plat que vous devez servir, et des œufs durs arrangés dessus.

Œufs en peau d'Espagne.

Délayez trois cuillerées de coulis, autant de jus avec six œufs, blancs et jaunes, sel, gros poivre, passez-les au tamis, et les mettez sur le plat que vous devez servir; faites-les cuire au bain-marie; quand ils seront pris, en servant, divisez-les par le moyen de quelques coups de couteau, et mettez dessus un jus clair.

Œufs à la tripe.

Coupez en petits dés une demi-douzaine d'oignons; faites-les roussir dans du beurre; lorsqu'ils sont d'une belle couleur, plongez-les, et mouillez-les avec du consommé; faites dégraisser et réduire; au moment de servir, ajoutez-y un morceau de beurre, sans faire bouillir, et une douzaine d'œufs durs coupés en tranches.

Œufs brouillés.

Cassez une douzaine d'œufs, et passez-les à l'étamine; assaisonnez-les de sel, poivre et muscade; ajoutez-y une cuillerée de coulis, ou de crême, ou de consommé; remuez-les sur un fourneau bien doux, avec un fouet, jusqu'à ce qu'ils épaississent; quand ils commencent à épaissir, retirez-les, et vanez-y un bon morceau de beurre.

Œufs au gratin.

Prenez un plat qui souffre le feu; mettez dessus un petit gratin, que vous faites avec de la mie de pain, un morceau de beurre, un anchois haché, persil, ciboules, une échalotte, le tout haché, trois jaunes d'œufs; mêlez le tout ensemble pour le mettre dans le fond du plat; faites-le attacher sur un petit feu; ensuite cassez dessus huit œufs, que vous assaisonnez de sel et poivre; faites cuire doucement; passez la pelle rouge dessus; quand ils seront cuits, le jaune mollet, servez.

Œufs pochés au jus.

Mettez de l'eau au trois quarts d'une casserole, avec du sel et un peu de vinaigre; placez-la sur le bord du fourneau; en cassant l'œuf, prenez garde d'endommager le jaune; versez doucement l'œuf dans l'eau; mettez-en cinq; laissez-les prendre; tenez toujours l'eau bouillante; retirez-les de l'eau avec une cuiller percée; s'ils ont un peu de consistance, mettez-les à l'eau froide. On se sert toujours d'œufs frais pour pocher.

Pour un entremets, pochez-en douze ou quinze; changez-les d'eau; un instant avant de servir, faites-les chauffer; égoutez-les sur un linge blanc, et dressez-les sur un plat; mettez un peu de mignonette et de poivre sur chaque œuf, et du jus dessous.

Omelette soufflée.

Cassez six œufs; mettez les blancs et les jaunes à part; ajoutez quatre cuillers à bouche de sucre en poudre; hachez bien fin la moitié du zeste d'une écorce de citron, que vous mettez avec les jaunes; mêlez-les avec du sucre et le citron; au moment de servir, fouettez vos blancs d'œufs comme pour des biscuits; mêlez bien les jaunes avec les blancs; mettez après cela un quarteron de beurre dans la poêle, sur un feu peu ardent; dès que le beurre est fondu, joignez-y les œufs; remuez l'omelette, pour que le fond vienne dessus; quand vous verrez que l'omelette a bu le beurre, versez-la en chausson sur un plat beurré, que vous poserez sur un lit de cendres rouges; jetez du sucre en poudre sur l'omelette; mettez dessus le four de campagne, très-chaud; lorsqu'elle sera cuite à propos, vous la servirez.

Œufs à la neige.

Cassez douze œufs, séparez les blancs des jaunes; fouettez les blancs comme pour des biscuits; quand ils seront pris, joignez-y deux cuillerées de sucre en poudre, et un peu de fleur d'orange; versez dans une casserole une pinte de lait, une demi-livre de sucre, et un peu de fleur d'orange; quand votre lait bouillira, mettez-y plein une cuiller à bouche de blanc; faites pocher les blancs; laissez-les égouter sur un tamis; quand ils sont pochés, ôtez la moitié du lait; délayez les jaunes, et les mettez dans le lait, que vous remuez avec une cuiller de bois; lorsque vous les voyez se lier, vous les relevez du feu, et vous passez à l'étamine, dans une autre casserole, ce mélange; dressez vos œufs sur le plat, et versez dessus votre sauce.

SAUCES.

Les sauces peuvent se varier à l'infini; c'est à l'érudition gastronomique de l'habile cuisinier à savoir les assortir aux mets avec autant de goût que de propreté.

Jus.

Mettez dans une casserole trois livres de tranche de bœuf, les cuisses et le rable de deux lapins, un jarret de veau, six carottes, autant d'oignons, deux clous de girofle, deux feuilles de laurier, un bouquet de persil et de ciboules; versez plein deux cuillers à pot de bouillon dans votre casserole, que vous mettez sur un bon feu; votre bouillon réduit, étouffez votre fourneau; placez-y votre casserole, afin que votre viande jette son jus, et qu'il s'attache doucement; il est essentiel que la glace qui est au fond de votre casserole soit noire; Lorsqu'elle sera à ce point, retirez votre casserole du feu, et restez environ un quart-d'heure sans la mouiller; remplissez-la avec du bouillon ou de l'eau; faites ensuite mijoter votre jus sur le feu pendant trois heures; faites en sorte qu'il soit bien écumé et assaisonné.

Velouté.

Mettez dans une casserole deux sous-noix

de cuissot de veau, deux poules, quatre carottes, autant d'oignons, deux clous de girofle, un bouquet de persil et ciboules; mettez-y plein une cuiller à pot de consommé; placez votre casserole sur un feu un peu ardent; écumez bien vos viandes, et essuyez l'intérieur de votre casserole, afin que votre sauce ne soit point troublée; votre mouillement diminué, vous le mouillerez avec du consommé; ayez soin qu'il soit bien clair, ayez soin aussi d'écumer votre consommé; lorsqu'il bouillira, mettez-le sur le coin du fourneau; faites un roux blanc, dans lequel vous mettrez dix-huit champignons, sautés à froid dans de l'eau et du citron, que vous remuerez dans votre roux bien chaud; délayez ensuite votre roux avec le mouillement de votre velouté; après, versez-le sur vos viandes; vous ferez bouillir doucement votre sauce, vous l'écumerez bien; au bout d'une heure, vous la dégraisserez; votre viande cuite, passez votre sauce à l'étamine; faites en sorte que votre velouté soit très-blanc.

Sauce piquante.

Mettez dans une casserole un poisson de vinaigre, un peu de petit piment, du poivre, une feuille de laurier et un peu de thym; faites réduire à moitié ce qui est dans votre casserole; alors ajoutez-y plein trois cuillerées d'espagnole et deux cuillerées de bouillon; faites réduire votre sauce à une juste mesure, et mettez-y le sel nécessaire pour qu'elle soit de bon goût.

Sauce tomate à la française.

Mettez quinze tomates dans une casserole, avec un peu de bouillon, du sel, du gros poivre; vous les ferez cuire et réduire; quand vos tomates sont épaissies, passez-les comme une purée dans une étamine; au moment de servir, mettez gros comme un œuf de beurre, que vous ferez fondre dans votre sauce; avant de la servir, voyez si elle est assaisonnée et de bon goût.

Sauce à l'espagnole.

Mettez du coulis dans une casserole avec un verre de vin blanc, autant de bouillon, un bouquet de persil, ciboule, une gousse d'ail, deux clous de girofle, une feuille de laurier, deux cuillerées d'huile, une pincée de coriandre, un oignon en tranches; faites-la bouillir près de deux heures à très-petit feu; dégraissez-la ensuite pour la passer au tamis; assaisonnez avec un peu de sel et de poivre.

Sauce blanche aux câpres et anchois.

Mettez dans une casserole gros comme un œuf de beurre que vous mêlez avec une pincée de farine; délayez avec un verre de bouillon, un anchois haché, câpres fines entières, sel, gros poivre, trois ciboules entières; faites lier sur le feu; ôtez les ciboules et servez.

Rémoulade.

Ayez plein un verre de moutarde que vous délayez dans un vase ; ayez un peu d'échalottes et un peu de ravigotte que vous mettez dans votre moutarde ; joignez-y six cuillerées d'huile, trois de vinaigre, du sel et du poivre ; délayez le tout ensemble, et mettez-y deux jaunes d'œufs crus, que vous remuerez avec votre rémoulade ; tournez-la bien, afin que votre sauce soit bien liée.

Sauce au verjus.

Mettez dans une casserole deux cuillerées de verjus, autant de coulis, sel, gros poivre, et de l'échalotte hachée menue ; faites en sorte que votre sauce soit très-claire ; faites-la chauffer, et servez-vous-en pour des grillades.

Consommé.

Mettez dans une marmite huit livres de tranche de bœuf, huit vieilles poules, deux casis, quatre jarrets de veau ; remplissez-la de bouillon, faites-la écumer ; rafraîchissez votre bouillon trois fois pour bien faire monter l'écume ; après, vous ferez bouillir doucement votre consommé ; mettez dans votre marmite des carottes, navets, oignons, deux clous de girofle ; lorsque les viandes sont cuites, passez votre consommé au travers d'une serviette fine, afin que votre consommé soit bien clair ; vous l'assaisonnerez de bon goût.

Sauce robert.

Mettez dans une casserole un peu de beurre, avec une cuiller à bouche de farine ; faites roussir votre farine à petit feu ; quand elle est de belle couleur, mettez-y trois gros oignons hachés très-fin, et du beurre suffisamment pour faire cuire l'oignon ; mouillez ensuite avec du bouillon, dégraissez la sauce, et la laissez bouillir une demi-heure ; prêt à servir, mettez-y sel, gros poivre, filet de vinaigre et moutarde.

Rocamboles.

Épluchez plein un grand verre de rocamboles que vous mettrez dans l'eau bouillante ; retirez-les quand elles commenceront à s'écraser sous les doigts, et jetez-les dans l'eau fraîche ; lorsqu'elles seront froides, vous les égouterez ; faites réduire du velouté, et mettez-le dedans.

Sauce à la maître d'hôtel.

Mettez un quarteron de beurre dans une casserole, du persil et des échalottes hachées très-menu, du sel, du poivre et un jus de citron ; vous pétrirez le tout ensemble ; au moment de servir, versez votre sauce sur le mets auquel elle convient.

Sauce à la tartare.

Mettez dans le fond d'un vase de terre deux

ou trois échalottes hachées très-menues, un peu de cerfeuil et d'estragon avec de la moutarde de *Bordin*, un filet de vinaigre de *Maille*, du sel et du poivre suivant la quantité dont vous avez besoin ; vous arrosez ensuite légèrement votre sauce, en la remuant toujours ; si elle se lie trop, jetez-y un peu de vinaigre ; si par hasard, après l'avoir goûtée, elle se trouvait trop salée, vous y verseriez un peu d'huile et de moutarde.

Sauce à la gasconne.

Mettez dans une casserole de l'huile fine et autant de bon beurre, du gros poivre, un peu d'ail et de sel ; posez-la sur un fourneau, et remuez sans cesse jusqu'à ce que le beurre soit lié avec l'huile ; cette sauce doit être mangée de suite, parce que cette sauce, en se refroidissant, se tourne.

Sauce à la provençale.

Mettez dans une casserole deux cuillerées d'huile d'olive fine, de l'échalotte, des champignons hachés, et deux gousses d'ail ; passez le tout sur le feu ; mettez-y une pincée de farine ; mouillez ensuite avec du bouillon, un verre de vin blanc de Chablis, si vous en avez à votre disposition, en y ajoutant du sel, du gros poivre, un bouquet de persil et des ciboules ; faites bouillir cette sauce à petit feu pendant une demi-heure ; dégraissez-la, et ne laissez d'huile que ce qu'il faut pour qu'elle soit perlée et légère ; ôtez le bouquet et les deux gousses d'ail, et servez avec les mets que vous jugerez convenables.

Sauce au blanc.

Prenez une livre de lard râpé, une livre de graisse, une demi-livre de beurre, deux citrons coupés en tranches, dont vous ôterez le blanc, du laurier, trois clous de girofle, cinq carottes coupées en dés, cinq oignons, une cuillerée d'eau; vous ferez bouillir le tout, jusqu'à ce qu'il soit réduit, ayant soin de tourner sans cesse votre blanc, de crainte qu'il ne s'attache; quand il n'y aura plus de mouillement, et que votre graisse sera fondue, jetez-y du sel blanc; vous le ferez bouillir, vous l'écumerez, après quoi vous vous en servirez pour les mets indiqués dans cet ouvrage.

Purée de pois verts.

Prenez un litron et demi de pois verts, et faites-les baigner dans l'eau; mettez-y un quarteron de beurre, dans lequel vous manierez vos pois; ensuite jetez l'eau et égoutez vos pois dans une passoire; mettez-les dans une casserole, sur un feu qui ne soit pas trop ardent; ajoutez à vos pois une poignée de feuilles de persil, et un peu de queues vertes de ciboules; sautez vos pois pendant un quart-d'heure; ensuite vous jeterez un peu de sel dedans, et la moitié d'une cuiller à pot de consommé ou de bouillon; faites-les bouillir sur un feu moins ardent, en couvrant de son couvercle votre casserole; vos pois ayant passé trois quarts-d'I ire au feu, mettez-les dans un mortier pour les piler; passez-les ensuite à l'étamine, en vous servant de consommé froid ou de bouillon pour cette opération; quand votre purée sera passée, vous la déposerez dans une casserole; vous la ferez chauffer au moment de vous en servir, afin qu'elle ne jaunisse pas.

Purée blanche d'oignons.

Préparez vos oignons comme pour la purée brune d'oignons; passez vos oignons sur un feu doux, afin qu'ils ne prennent pas de couleur; quand ils seront bien fondus, mettez-y quatre cuillerées à dégraisser de velouté, une pinte de crème, et du sucre gros comme une noix; vous ferez réduire votre purée à grand feu, en la tournant toujours; épaissie, passez-la à l'étamine.

A défaut de velouté, mettez une cuillerée de farine, de la crème, du sel, du gros poivre, mettez-la ensuite au bain-marie, ou à un feu doux, pour qu'elle ne bouille pas.

Purée brune d'oignons.

Émincez douze oignons; mettez-les dans une casserole, avec un morceau de beurre sur un feu vif, et faites-les roussir; lorsqu'ils auront pris une belle couleur, mouillez-les avec deux cuillerées d'espagnole; faites-les cuire sur un petit feu, ayant soin de les remuer souvent avec une cuiller de bois; passez-les à l'étamine; remettez-les dans la casserole avec de l'espagnole; faites réduire alors votre sauce à consistance d'une bouillie ; après vous être assuré qu'elle est d'un bon goût, servez.

Sauce à la ravigotte.

Mettez dans une casserole un verre de bouillon, une demi-cuillerée à café de vinaigre, sel, poivre, un petit morceau de beurre manié de farine, et deux pincées de fourniture de salade, telles que civette, estragon, pimprenelle, cerfeuil, cresson ; faites bouillir cette fourniture un moment dans l'eau ; pressez-la bien, et hachez-la très-fine ; mettez-la dans la sauce, et faites-la lier sur le feu.

Sauce à la poivrade.

Mettez dans une casserole gros comme la moitié d'un œuf de beurre, trois oignons en tranches, carottes et panais coupés en zestes, une gousse d'ail, deux clous de girofle, une feuille de laurier, thym, basilic ; passez le tout au feu, jusqu'à ce qu'il commence à se colorer ; mettez-y une bonne pincée de farine ; mouillez avec un verre de vin rouge, un verre d'eau, une cuillerée de vinaigre ; faites bouillir une demi-heure ; dégraissez, passez au tamis ; mettez-y du sel, gros poivre, et servez.

Sauce bachique, verte et piquante.

Mettez dans une casserole une cuillerée d'huile fine, un demi-setier de bon bouillon, une chopine de vin blanc ; faites bouillir le tout ensemble, et réduire à plus de moitié ; mettez-y ensuite de l'échalotte, du cresson alénois, de l'estragon, du cerfeuil, du persil, de la ciboule, un peu d'ail, le tout haché très-fin, sel et gros poivre; faites bouillir le tout ensemble un instant, et servez.

RAGOUTS.

Les ragoûts se servent sous les viandes; on en mange aussi quelques-uns absolument seuls, comme ceux de truffes, de foies gras et de laitances. Dans ce dernier cas, ils se servent comme entremets.

Ragoût aux truffes.

Prenez une poignée de truffes, auxquelles vous aurez fait subir toutes les préparations nécessaires pour qu'elles soient aussi bonnes que propres; après les avoir coupées en lames ou en dés, jetez-les dans une casserole avec un morceau de beurre sur un feu doux; après les avoir fait suer, mouillez-les avec un demi-verre de vin blanc de Chablis, et deux cuillerées à dégraisser d'espagnole réduite; faites-les cuire sur un feu doux; dégraissez ensuite votre sauce, et finissez-la avec un petit morceau de beurre; faites en sorte de bien l'incorporer avec vos truffes, soit en les passant, soit en les remuant.

Ragoût à la périgourdine.

Après avoir coupé des truffes en petits dés,

vous les passez dans du beurre; vous y mettez deux ou trois cuillerées à dégraisser d'italienne rousse ou d'espagnole, avec un peu de vin blanc de Chablis, et vous finissez votre sauce avec un morceau de beurre de Gournai.

Ce ragoût se sert sur des perdreaux, des poulardes, des poulets et des dindes truffées.

Ragoûts de foies gras.

Otez l'amer de vos foies, et les laissez entiers; faites-les blanchir à l'eau bouillante, dans une casserole, avec deux cuillerées de coulis, un demi-verre de vin blanc, autant de bouillon, du persil, de la ciboule, une demi-gousse d'ail, sel, gros poivre; faites-les bouillir une demi-heure; dégraissez-les, et servez-les avec telle viande que vous jugerez convenable, ou seuls pour entremets.

Ragoût au salpicon.

Mettez dans une casserole un ris de veau blanchi, deux culs d'artichauts aussi blanchis, des champignons; le tout coupé en dés, avec un bouquet de persil, ciboule, une demi-gousse d'ail, un clou de girofle, une demi-feuille de laurier, un peu de basilic, un morceau de beurre; passez-les sur le feu, et mettez-y une bonne pincée de farine; mouillez avec du jus, vin blanc, un peu de bouillon, sel, gros poivre; faites cuire et réduire à courte sauce; dégraissez avant de servir.

BOURGEOISE.

Ragoût de laitances.

Faites réduire une demi-bouteille de vin de Champagne avec un bouquet garni ; quand elle est réduite, ôtez le bouquet, et mettez à la place quelques cuillerées d'espagnole et du consommé ; clarifiez cette sauce, et réduisez-la ensuite à son point ; faites blanchir légèrement les laitances de carpe ; faites-les mijoter quelques minutes dans leur sauce.

Ragoût de chou.

Faites bouillir dans l'eau, pendant demi-heure, la moitié d'un chou ; retirez-le à l'eau fraîche ; pressez-le, et ôtez le trognon ; hachez un peu le chou, et mettez-le dans une casserole avec un morceau de beurre ; passez-le sur le feu ; mettez-y une pincée de farine ; mouillez avec du bouillon et du jus jusqu'à ce qu'il y en ait assez pour donner une couleur dorée ; faites bouillir à petit feu jusqu'à ce que le chou soit cuit et réduit à courte sauce ; assaisonnez-le de sel, gros poivre, un peu de muscade râpée, et servez.

Ragoût de farce.

Mettez dans une casserole de l'oseille, laitue, cerfeuil, persil, ciboule, le tout lavé, haché et bien pressé, avec un morceau de beurre ; passez-les sur un bon feu jusqu'à ce qu'il n'y ait plus d'eau ; mettez-y une bonne pincée de farine ; mouillez avec du jus et du coulis, sel, gros poivre ; faites cuire, et servez à courte sauce; si c'est en maigre, après avoir mis de la farine, mouillez avec du bouillon maigre; faites bouillir jusqu'à ce que les herbes soient cuites, et qu'il ne reste plus de sauce; mettez-y une liaison de trois jaunes d'œufs délayés avec de la crème; faites lier sans bouillir.

PATISSERIE.

Une *cuisinière bourgeoise doit savoir faire un peu de pâtisserie, car les pâtés servent plusieurs fois pour des entremets du milieu; cet art demande quelque dextérité, et nous allons donner quelques recettes utiles pour la varier.*

Pâtes pour les gros pâtés.

Pour faire une pâte convenable aux gros pâtés, prenez trois jaunes d'œufs pour un quart de boisseau de farine; mettez-y un peu d'eau bouillante, une demi-livre de graisse de bœuf, une livre et demie de beurre; écumez le beurre, la graisse et le jus, à proportion que vous voulez rendre la croûte meilleure; pétrissez et roulez bien.

Pâte feuilletée.

Roulez une livre de beurre dans un litron de farine, et faites-en, avec de l'eau froide une pâte légère, seulement assez ferme pour la pouvoir pétrir; passez-la au rouleau aussi mince qu'un écu de six francs; mettez dessus une tranche de beurre; par-dessus, semez-y un peu de farine; pliez en deux, et recommencez à rouler; repliez et roulez à trois reprises, vous aurez une bonne pâte feuilletée.

Pâte ferme.

Mettez six onces de beurre avec huit onces de farine; mêlez-les avec aussi peu d'eau qu'il sera possible, de sorte que vous ayez une pâte très-ferme; battez-la bien et roulez-la serrée; c'est la meilleure croûte pour toute sorte de tartes à manger froides, et pour conserver les fruits; mettez-la à un four modérément chaud.

Pâte pour les flancs.

Prenez six onces de beurre pour une demi-livre de farine, deux jaunes d'œufs et trois cuillerées de crême; mêlez-les ensemble, et laissez-les reposer un quart-d'heure; alors pétrissez et roulez bien serré.

Pâte pour les tartes.

Mêlez trois quarterons de beurre avec une livre de farine, et roulez bien.

Pâte croustillante pour les tartes.

Battez un blanc d'œuf jusqu'à consistance d'une forte neige; mettez-y peu-à-peu quatre onces de sucre raffiné, avec ce qui peut tenir de gomme sur une pièce de six sols, bien pilées, et passées au tamis fin; pétrissez cela une demi-heure, et la pâte sera en état de vous servir.

Pâte brisée pour les tourtes.

Sur un quart de farine, mettez cinq quarterons de beurre, environ une once de sel; mettez votre farine sur une table propre; faites un trou dans le milieu pour y mettre le sel, le beurre en petits morceaux; mettez-y de l'eau avec prudence; maniez bien le beurre avec l'eau, et petit-à-petit avec la farine; quand la farine a bu toute l'eau, pétrissez à force de bras; votre pâte ne saurait être trop épaisse, pourvu qu'elle soit bien liée; faites cette pâte au moins deux heures avant de vous en servir, pour qu'elle ait le temps de revenir; c'est avec cette pâte que vous ferez toutes sortes de tourtes pour entrée, comme tourtes de viande de boucherie, de gibier, de volaille, de poissons; les tourtes que vous pouvez faire de différentes façons, en volaille, sont d'une poularde coupée en quatre, de petits pigeons entiers ou coupés en deux, des ailerons de dindons; vous prendrez ce que vous jugerez à propos, que vous ferez blanchir, et que vous passerez au beurre avec de fines herbes, assaisonnées d'un bon goût et un bouquet garni; mettez dans votre tourtière un morceau de pâte dessus, de l'épaisseur d'un écu, battu avec un rouleau; mettez sur cette pâte la viande que vous avez préparée et froide, et dans tous les vides des boulettes de godiveau; couvrez la viande avec des bardes de lard; mettez dessus la viande une pareille abaisse que vous avez mise dessous ; mouillez avec de l'eau et un doroir les deux endroits qui doivent se toucher, et les pincez tout autour pour qu'ils se collent ensemble ; faites ensuite un bord en tournant autour avec le pouce ; prenez un œuf que vous battez, blanc et jaune, et avec le doroir ou la plume, frottez-en tout le dessus de la tourte ; faites-la cuire au four ; un quart-d'heure après qu'une tourte est au four, il faut la sortir et faire un trou au milieu pour laisser sortir la fumée, qui la ferait fuir, et la remettre tout de suite dans le four ; quand elle est cuite, ôtez le dessus, en la coupant tout autour proche le bord ; ôtez la graisse qui est dans la tourte et les bandes de lard.

Ayez de suite dans une casserole une bonne sauce toute prête et d'un bon goût, que vous mettez dans la tourte ; si vous avez de quoi faire un bon ragoût de ris de veau en champignons, fini de bon goût, mettez-le dedans, recouvrez-la avec son dessus, et servez ; voilà la façon que vous observerez pour toutes sortes de tourtes, soit en gras, soit en maigre ; il n'y aura que les viandes qui seront dedans, leur assaisonnement, le temps de leur cuisson et les sauces différentes qui en feront le changement ; pour ce qui regarde la pâte, c'est toujours la même répétition.

Tourtes de gibier.

Le lapin. Il faut le couper par membres, lui casser un peu les os avec le dos du couperet ; si vous voulez faire une tourte de lièvre, ôtez-en tous les os, et n'y mettez que la chair.

La bécasse. Pour faire une tourte, vous en prenez deux que vous coupez chacune en quatre ; hachez le dedans et l'incorporez dans le godiveau ou farce que vous lui destinez.

Les alouettes. Il faut leur ôter les pattes, le cou, et les vider du dedans ; faites-en une farce comme de la bécasse.

Après avoir observé sur tous ces gibiers, et sur chacun en particulier, ce que je viens d'en dire, ce qui reste à faire pour toutes les tourtes se trouve égal ; vous les mettez dans la tourtière avec un bouquet de fines herbes, sel, fines épices, bardes de lard et beurre ; vous mettez dessus votre abaisse de pâte pour la finir comme les autres ; cuites et dégraissées, mettez dedans une bonne sauce faite avec un bon coulis ; en servant, pressez dans la sauce le jus de deux oranges ; si vous avez, à la place de la sauce, un bon ragoût, soit de ris de veau et champignons, ou ragoût de truffes coupées par tranches, votre tourte n'en sera que meilleure ; mettez-y toujours en servant le jus d'un citron, par rapport au gibier, qui veut avoir un peu de piquant.

Tourte de godiveau.

On passe sur le feu avec du bon beurre, de la rouelle de veau coupée en dés ; après on la lâche avec de la graisse de bœuf ; mettez-y persil, ciboule, champignons, de la mie de pain desséchée avec de la crême, du sel, du gros poivre; pilez la farce et la liez de jaunes d'œufs; roulez votre farce en saucisses; mettez-la dans la tourte avec ris de veau, champignons, truffes, foies gras; couvrez de bardes et de beurre; avant de servir, ôtez les bardes, dé-dégraissez bien la tourte, et mettez-y une bonne sauce.

Tourte de langue de bœuf.

Votre langue lardée de gros lard, cuite aux trois quarts à la braise, on la coupe comme on veut, on l'arrange sur une abaisse de pâte brisée, avec de la farce dessous, un bouquet, champignons, jambon; on couvre de bardes de lard, et sur le lard beaucoup de beurre; on met une abaisse de même pâte, bien collée et bordée; on dore le dessus; la tourte cuite au four, on ôte les bardes, le bouquet, le jambon; on met la sauce que l'on veut.

Tourtes de toutes sortes de poissons en gras.

On prépare le poisson et on le coupe suivant ce qu'il est; on l'arrange sur du lard râpé, et on suit absolument le même procédé que pour la tourte de langue de bœuf; lorsque le tout est cuit, on met dedans la sauce ou le ragoût que l'on veut.

Tourtes maigres en poissons.

Prenez tel poisson que vous jugerez à propos; après l'avoir écaillé et coupé par tronçons, foncez une tourtière avec la même pâte, comme il est dit aux autres; mettez dessus le poisson avec un bouquet de fines herbes, sel fin, fines épices, et couvrez tout le poisson avec du beurre; mettez après votre abaisse de pâte; finissez la tourte comme il est expliqué pour les précédentes; une heure et demie suffit pour la cuisson d'une tourte de poisson; cuite et dégraissée comme les autres, mettez dedans un ragoût de laitances.

Pâté chaud de ce que l'on veut.

On met en pâté chaud tout ce que l'on veut, il s'agit du plus ou du moins de cuisson, suivant que la viande est dure ou tendre à cuire; on l'arrange dans le pâté avec une petite farce dans le fond; on garnit de bardes de lard, tranches de jambon et de veau, un bouquet, bon assaisonnement, beaucoup de beurre; la cuisson faite, on ôte le jambon, le veau, le bouquet; dégraissé, on y met la sauce ou le ragoût qui plaît davantage.

Pâté froid.

Prenez six livres de pâte, et lorsque la pâte est abaissée, et que la grandeur du fond est décidée, couvrez de bardes de lard, et mettez la farce par-dessus; le rond étant bien correct, placez la viande sur la farce; mettez-y du sel, du poivre, des aromates pilés, et un peu des quatre épices; couvrez et remplissez les vides de la viande avec la farce, et l'enveloppez de bardes de lard; après avoir fait monter la pâte, et lui avoir donné une forme agréable, couvrez le pâté avec de la pâte; le four étant chauffé convenablement, mettez-y le pâté, ayant grand soin sur-tout qu'il ne prenne pas trop de couleur.

Faites revenir la viande, désossée ou non, sur le feu, dans une casserole, avant de la mettre en pâté, puis jetez-y un bon morceau de beurre; lorsque la viande est bien raidie, mettez-la refroidir pour faire la farce du pâté; sur deux livres de viande, on met trois livres de lard, le tout bien haché ensemble, du sel, du gros poivre, des aromates pilés, et un peu des quatre épices.

Petits pâtés au naturel.

Lorsque votre feuilletage a six tours, faites-en une abaisse de l'épaisseur d'une ligne, et, par le moyen d'un moule en fer blanc, incorporez deux douzaines de ronds, d'un pouce et demi de diamètre; assemblez les rognures sans les pétrir, et formez-en une abaisse de même que des précédentes; faites de même des ronds avec le pareil moule, et mettez-les à mesure sur une feuille, laquelle vous mouillez légèrement, afin qu'ils soient collés; mettez gros comme un dé de godiveau sur chacun, et, après leur avoir mouillé le tour, couvrez-les avec les premières abaisses; que les bords soient bien soudés ensemble, afin que votre farce ne fuie point; dorez-les avec de l'œuf battu, et faites-les cuire dans un four très-chaud; dix minutes suffisent.

Pâte croquante.

Prenez une livre d'amandes et une livre de sucre en poudre; vos amandes pelées, séchées à l'étuve, faites-en une pâte friable, y ajoutant, par intervalles, un peu de blanc d'œuf et de fleur d'orange; mettez la pâte dans une bassine, et faites-la évaporer sur un feu doux; mettez le sucre par partie, en remuant continuellement; quand le mélange est formé, faites de votre pâte un pain que vous posez sur une table; dès qu'elle est refroidie, faites-en des gâteaux, et les mettez au four.

Gâteau d'amandes.

Mettez sur une table un litron de farine; faites un trou dans le milieu, pour y mettre gros comme la moitié d'un œuf de beurre, quatre œufs, blancs et jaunes, une pincée de sel, un quarteron de sucre fin, six onces d'amandes douces pilées très-fin; pétrissez le tout ensemble, et en formez un gâteau à l'ordinaire; faites-le cuire, et le glacez avec du sucre et la pelle rouge.

Gâteau de riz.

Mettez dans une petite marmite un peu plus d'un quarteron de riz bien lavé; faites-le crever sur le feu avec un verre d'eau, et ensuite de bon lait, jusqu'à ce qu'il soit cuit et épais; laissez-le refroidir; faites une pâte avec un litron de farine, du sel, quatre œufs, une demi-livre de beurre et le riz ; pétrissez le tout ensemble, et formez-en un gâteau ; dorez-le avec de l'œuf battu, et le faites cuire au four pendant une heure, ou sous un couvercle de tourtière ; beurrez bien le papier que vous mettez sous le gâteau.

Tartelettes.

Faites une pâte à feuilletage ; abattez-la de l'épaisseur d'un petit écu, et coupez-en de petites abaisses avec un coupe-pâte ; mettez-les sur des moules à petits pâtés, et sur la pâte une petite cuillerée de crême de frangipane, pourvu que ce ne soit pas de la gelée ; couvrez avec quelques bandes de pâte ; faites-les cuire une demi-heure au four ; glacez-les avec du sucre et la pelle rouge.

Brioches.

Prenez six livres de farine, quatre livres de beurre fin, trente œufs, c'est ce que peut boire la pâte ; prenez le quart de la farine, et formez-en un bassin, dans lequel vous délaierez deux onces de levure de bierre avec de l'eau tiède ; qu'il n'y entre point de sel, cela empêcherait le levain de lever ; détrempez le levain bien vîte, afin qu'il se conserve chaud, et mettez-le dans une casserole ; dans l'hiver, mettez-le revenir dans un endroit où il y ait une chaleur modérée, et dans l'été, mettez-le sur le tour à pâte ; si le levain était trop levé, il perdait sa force ; de la farine qui vous reste, formez un bassin, dans lequel vous ferez fondre le beurre avec une cuillerée d'eau; si le beurre est trop ferme, maniez-le et mettez-le dans le bassin; cassez-y les trente œufs, et en le détrempant, ajoutez-en s'il est nécessaire; maniez le beurre et les œufs; mêlez-y la farine; mêlez-y également le levain, mais légèrement; donnez-lui un gros tour, et mettez-le revenir dans un linge saupoudré de farine, l'hiver, dans un endroit où le froid ne pénètre pas, et l'été où la chaleur ne soit point excessive; laissez-le revenir environ six heures; corporez-la ou maniez-la, et mettez-la reposer dans le même linge trois heures; faites-la cuire dans un four d'une chaleur tant soit peu vive; si vous voulez faire une grosse brioche, ne mettez que trois livres de beurre, et la pâte étant moins fine montera plus facilement; cette pâte, étant mise au frais, peut se conserver pendant deux jours sans rien perdre de sa qualité.

Tarte aux pommes.

Après avoir fait échauder huit ou dix grosses pommes, vous les pellerez lorsqu'elles seront froides; réduisez la pulpe en marmelade en la broyant avec une cuiller; mêlez-y six jaunes et quatre blancs d'œufs; battez bien le tout ensemble, et jetez-y de la muscade râpée et du sucre en telle quantité que vous jugerez nécessaire; faites fondre une excellente pâte feuilletée; étendez-la sur une tourtière; mettez votre marmelade par-dessus, mais ne la couvrez pas de pâte; mettez-la pendant une heure au four; ensuite faites-la glisser de la tourtière sur un plat, et saupoudrez-la avec un peu de sucre râpé fin et bien tamisé.

Des gaufres.

Prenez quatre onces de farine et six onces de crème fraîche, une livre de sucre en poudre et quatre gros de fleur d'orange; battez la farine avec la crème; quand il ne reste plus de grumeau, on y jette le sucre, on y ajoute la crème, et on met l'eau de fleur d'orange, ensorte que le mélange soit aussi clair que du lait; on chauffe alors le gaufrier, et on le graisse avec un pinceau trempé dans du beurre frais fondu dans une casserole de terre; on met une cuillerée et demie de mélange pour former la gaufre, et on presse un peu le fer pour la rendre plus délicate; on la pose sur du charbon allumé dans un fourneau, et quand la gaufre est cuite d'un côté, vous retournez le fer de l'autre; pour s'assurer du degré de cuisson, on entr'ouvre tant soit peu le fer; si la gaufre est bien colorée, on la retire à l'aide d'un couteau que l'on passe dessous, et on la roule sur elle-même à mesure qu'elle se détache; on l'étend toute chaude dans les formes selon lesquelles on veut l'avoir, et on la met à mesure à l'étuve, pour qu'elle puisse se servir bien sèche, ou bien croquante.

Ramequin.

Mettez un demi-litre de crême dans une casserole avec un quarteron de beurre, et lorsque cette préparation commence à frémir, jetez-y deux poignées de farine, et faites dessécher cette pâte jusqu'à ce qu'elle ne colle plus aux doigts; vous la retirez du feu, et lui faites boire huit œufs, et deux par deux; incorporez-y une demi-livre de fromage de Gruyère coupé en petit dés, et une pincée de mignonette; couchez vos ramequins sur des feuilles, et, après les avoir dorés avec de l'œuf, faites-les cuire dans un four doux; vous les retirez lorsqu'ils sont fermes et d'une belle couleur.

~~~~~~~~~~~~~~~~~~~~~~~~~~~~~~~

OFFICE.

Sous cette dénomination, l'on comprend les compotes, les marmelades de fruits, et les crèmes qui composent les desserts, et qui rendent la fin d'un repas extrêmement agréable aux femmes et aux gourmets.

Compotes.

On fait des compotes avec toutes sortes de fruits, avec les pommes, les poires, avec le verjus, les cerises, les fraises, les framboises, les groseilles, les abricots, les pêches, les prunes, les oranges, les marrons, etc.; nous ne donnerons ici que les recettes des compotes les plus journalières et les moins coûteuses.

Compote de pommes à la bourgeoise.

Toutes les pommes qui ne sont pas de reinette, n'ayant point assez de consistance pour la cuisson, on ne les pelle point; on les coupe par la moitié, on en ôte les pepins, et on pique le dessus de la peau en plusieurs endroits; alors, faites-les cuire avec un verre d'eau et du sucre en proportion; quand elles commencent à se mettre en marmelade, dressez-les dans votre compotier; faites réduire le sirop, et versez-le dessus.

Compote de pommes à la portugaise.

Prenez des pommes de reinette ce qu'il en faut pour garnir le compotier; ôtez-en le milieu avec un couteau; arrangez-les ensuite dans une tourtière; mettez dans chaque pomme un petit morceau de sucre, ou bien du sucre en poudre, et un peu dans le fond de la tourtière, et mettez-les cuire au four ou sous un four de campagne; servez-les chaudes avec du sucre en poudre par-dessus.

Compote de poires de martin sec ou de messire-jean.

Prenez des poires entières que vous pelez; elles se servent plus souvent sans être pelées; ôtez-en les culs et rognez les bout des queues; mettez-les dans un petit pot de terre; il faut y mettre un petit morceau d'étain pour les rendre rouges, de l'eau, un quarteron de sucre, un petit morceau de canelle; faites-les cuire devant le feu; quand elles sont cuites, servez-les chaudement; ayez soin que votre sirop ne soit pas trop clair.

Compote de poires de bon chrétien, de doyenné, de Saint-Germain, et autres.

Faites blanchir vos poires tout entières avec leur peau dans l'eau bouillante; au tiers cuites, retirez-les dans l'eau fraîche; vous les pellerez après entières ou par moitié, et les mettrez à mesure dans l'eau fraîche; faites bouillir votre sucre dans une poêle avec un demi-setier d'eau; mettez ensuite vos poires dedans avec une tranche de citron.

Quand elles seront cuites et d'un bon sirop, servez-les chaudes ou froides.

Compote de poires de rousselet et de blanquette.

Elles se font de la même façon que les précédentes, à la réserve cependant qu'il faut les servir entières.

Compote de pêches.

Prenez sept ou huit pêches presque mûres, fendez-les par moitié; après avoir ôté le noyau, mettez-les un moment à l'eau bouillante; ôtez-les aussitôt que vous pourrez en ôter la peau; faites bouillir un quarteron de sucre avec un verre d'eau; ayez soin de l'écumer, et ensuite, vous y mettrez les pêches pour les faire cuire, faites réduire le sirop avant de le dresser sur les pêches.

Compote de prunes de reine-claude, de mirabelle, de perdrigon et autres.

Faites bouillir de l'eau, et jetez-y vos prunes pour les faire blanchir; quand elles seront bien mollettes sous les doigts, retirez-les avec une écumoire, et mettez-les dans l'eau fraîche; metez-les ensuite avec un peu de sucre sur un petit feu; qu'elles puissent frissonner et devenir bien vertes, et servez-les froides.

Compote de cerises.

Coupez le bout des queues de vos cerises, et mettez-les dans une poêle avec un demi-verre d'eau, et un quarteron de sucre; mettez-les sur le feu, et leur faites faire deux ou trois bouillons couverts; arrangez-les dans un compotier, mettez votre sirop dessus, et les servez froides.

Compote de fraises.

Faites cuire un quarteron de sucre avec un verre d'eau, jusqu'à ce que le sirop soit bien fort; il faut avoir soin de le bien écumer; vous avez de belles fraises point trop mûres; épluchées, lavées et bien égoutées, mettez-les dans le sirop et les ôtez de dessus le feu pour les laisser reposer un moment dans le sirop; faites-leur faire ensuite un bouillon et les retirez promptement.

Compote de groseilles.

Faites un sirop comme le précédent; ensuite, ayez une livre de belles groseilles, lavées, égoutées, mettez-les dans le sirop pour leur faire faire trois grands bouillons couverts ; descendez-les du feu et les écumez avant de les dresser dans le compotier.

Compote de framboises.

Faites cette compote comme celle des fraises, excepté que vous ne lavez point les framboises.

Compote d'abricots.

Prenez la quantité que vous voudrez d'abricots presque mûrs ; fendez-les par la moitié et ôtez-en les noyaux ; mettez du sucre dans le fond d'un plat avec un demi-verre d'eau ; arrangez les abricots dessus, et les mettez sur un moyen feu, pour les faire bouillir jusqu'à ce qu'ils soient presque cuits en dessous, et qu'il ne reste presque point de sirop ; après, vous les ôtez du feu, et jetez du sucre fin par-dessus ; couvrez-les avec un couvercle de tourtière, jusqu'à ce qu'ils soient cuits et d'une couleur glacée ; dressez-les dans le compotier.

Compote d'abricots verts.

Faites bouillir de l'eau dans une poêle avec deux poignées de soude ; quand elle aura bouilli deux bouillons, jetez vos abricots dans la poêle ; quand ils auront fait un bouillon, retirez-les avec une écumoire ; frottez-les bien dans vos mains pour en ôter le duvet, et à mesure vous les jeterez dans l'eau fraîche, et après quoi vous aurez de l'eau bouillante propre dans une autre poêle pour les faire cuire.

Vous verrez quand ils seront assez cuits en les piquant avec une épingle ; si elle entre facilement et que l'abricot tombe de lui-même, c'est une marque qu'ils sont assez cuits ; vous les retirez dans l'eau fraîche ; vous ferez ensuite bouillir du sucre dans votre poêle, et y mettrez vos abricots ou amandes ; faites-les bouillir doucement à petit feu, jusqu'à ce qu'ils soient bien verts, et servez.

Des beignets.

Les beignets se servent pour entremets ; on en fait de plusieurs sortes, et l'art de les varier est presque infini ; mais ceux qu'on admet le plus souvent sur les tables bien servies, sont ceux de pommes.

Beignets de pommes.

Prenez des pommes de reinette que vous coupez en quatre quartiers ; ôtez la peau et les pepins ; faites-les mariner deux ou trois heures avec de l'eau-devie, du sucre, de l'écorce de citron vert, de l'eau de fleur d'orange, quand elles ont bien pris goût, mettez-les égouter ; faites une pâte composée de farine, d'eau tiède, très-peu de beurre fondu, du sel, deux jaunes d'œufs, et les blancs fouettés ; qu'elle soit un peu épaisse, afin qu'elle enveloppe la pomme ; vous trempez chaque morceau dedans, et vous faites frire d'une belle couleur ; glacez avec du sucre et la pelle rouge.

Beignets de pêches.

(Voyez *Beignets de pommes*) ; ce sont absolument les mêmes procédés.

Beignets à la crême.

Mettez dans une casserole un demi-setier de crême, un demi-setier de lait, un peu de sel, une pincée de citron vert haché très-fin ; faites bouillir et réduire à moitié ; ensuite mettez-y trois grandes cuillerées de farine, que vous délayez sur le feu avec la crême, et la tournez jusqu'à ce qu'elle soit bien épaisse ; ôtez-la du feu pour la mettre sur la table ; abattez-la avec le rouleau jusqu'à ce qu'elle soit mince comme un petit écu ; coupez-la en losange, faites-la frire et glacer avec du sucre et la pelle rouge.

Des crêmes.

Les crêmes se servent pour entremets, leur nomenclature est très-étendue ; nous ne donnerons ici que les recettes de celles qui sont le plus en usage dans une cuisine bourgeoise.

Crême blanche au naturel.

Prenez une pinte de lait ou une chopine de crême, un morceau de sucre, que vous faites bouillir ensemble et réduire à un tiers ; mettez refroidir jusqu'à ce que vous puissiez y souffrir le doigt sans vous brûler ; prenez ensuite un peu de présure que vous délayez avec de l'eau dans une cuiller à bouche ; mêlez-la bien dans la crême, et passez ensuite le tout dans un tamis; prenez le plat que vous devez servir, et le mettez sur la cendre chaude; versez ensuite votre crême dedans, et la couvrez d'un couvercle où vous mettez aussi de la cendre chaude, et le laissez jusqu'à ce que la crême soit prise, que vous porterez au frais pour la servir froide.

Crême à la frangipane.

Mettez dans une casserole deux cuillerées de farine avec du citron vert râpé, de la fleur d'orange grillée, hachée, une petite pincée de sel; délayez avec trois œufs, blancs et jaunes, une chopine de bon lait, un morceau de sucre; faites cuire en la tournant toujours sur le feu pendant une demi-heure; quand elle sera froide, elle vous sert pour faire des tourtes de frangipane ou des tartelettes; vous n'avez plus qu'à la mettre sur une pâte de feuilletage; quand elle sera cuite, glacez avec du sucre.

Crême à la vanille, à la fleur d'orange, au citron, au thé, etc.

Faites bouillir votre crême, et la retirez du feu, pour y mettre infuser, pendant une heure, une des odeurs ci-dessus; vous les finissez absolument comme la crême au café.

Crême au café.

Faites roussir un quarteron de café dans une poêle; lorsqu'il est brun, vous le mettez dans une chopine de crême ou de lait bouillant;

couvrez-le, afin qu'il infuse ; si vous faites votre crême dans des petits pots, mettez un jaune d'œuf pour chacun, du sucre ou un grain de sel ; si vous la faites dans une casserole d'entremets, vous devez suivre ces proportions, et vous arranger de manière qu'il n'y ait jamais d'infusion de reste, afin que le goût du café ou de toute autre odeur soit plus fort ; faites prendre la crême au bain-marie, avec du feu dessus, et prenez garde qu'elle ne bouille ; tous les appareils de crême doivent en général être passés à l'étamine.

Crême au chocolat.

Ratissez une demi-livre de chocolat, et le faites fondre sur un fourneau, avec un demi-verre d'eau et du sucre ; étant fondu, mêlez-le avec de la crême, un grain de sel et des jaunes d'œufs dans la même proportion que la précédente ; faites-la prendre de même au bain-marie.

Crême au caramel.

Prenez une once de sucre, que vous écrasez bien fin ; mettez-le dans un poêlon non étamé, sans eau, et le faites fondre sur un fourneau ; étant fondu, attendez le moment où il est d'une couleur blonde un peu foncée ; ajoutez-y une pincée de fleur d'orange pralinée que vous mouillez, et faites fondre avec une cuillerée d'eau ; incorporez cela avec de la crême et du lait, et le finissez comme la crême au café.

CONFITURES.

Un pot de confitures ou deux figurent agréablement dans un dessert. Les femmes, les enfans, ainsi que les vieillards, y font le plus gracieux accueil. On les mange sans appétit, on les savoure avec délices, et elles ne troublent point la digestion.

On a rassemblé ici les recettes des confitures qui se font ordinairement dans les maisons bourgeoises, et qui, quoique moins coûteuses, n'en sont pas moins bonnes.

Confiture de cerises.

Prenez la quantité de cerises que vous voulez employer, et, avec une aiguille, ôtez-en les noyaux, ayant soin de mettre dessous un vase, pour recevoir le jus : cette opération faite, pesez votre fruit; sur quarante livres, mettez quinze livres de sucre ou de cassonade, sans avoir besoin de les clarifier; ajoutez environ deux pintes de jus de groseilles, pour ôter le goût trop doucereux de vos cerises, et former la gelée. La cerise, quoique moins longue à cuire que la groseille, doit être faite à grand feu, parce que, si elle languit, elle noircira. Essayez de même dans une cuiller si le jus se coagule; ayez soin de le remuer avec précaution, pour ne pas mettre vos cerises en marmelade.

Confiture de groseilles.

Prenez des groseilles bien mûres, sur lesquelles il y aura un peu plus de moitié de blanches ; sur quarante livres de groseilles, mettez trois livres de framboises, et des blanches, si cela est possible ; égrenez vos groseilles et vos framboises sans perdre le jus.

Lorsqu'elles sont égrenées, pesez-les pour régler la quantité de sucre, puis mettez-les dans une bassine, sans une goutte d'eau ; quand votre fruit a jeté cinq à six bouillons, passez alors le jus dans un tamis ou dans un linge neuf.

Si vous avez quarante livres de fruit, prenez dix-huit livres de sucre ou de cassonade ; si c'est du sucre, il est inutile de le clarifier ; si c'est de la cassonade qui n'ait aucun mauvais goût, dispensez-vous de la clarifier, et mettez-la tout uniment dans le jus ; la confiture se fait à grand feu ; quand elle a été bien écumée, et qu'elle commence à perler, c'est-à-dire qu'elle forme de petites boules qui s'amoncellent, elle est assez cuite ; pour vous en assurer, mettez un peu de jus dans une cuiller, et l'exposez au froid ; s'il se congelle ou se fige, ôtez votre confiture, elle est assez cuite.

Confiture d'abricots.

Coupez vos abricots par morceaux ; et, après les avoir pesés, mettez, pour quarante livres de fruit, quatorze livres de sucre ou de cassonade, c'est-à-dire un peu plus du tiers pesant du fruit ; clarifiez votre cassonade, si elle n'est pas bien pure ; pour le sucre, il est toujours inutile de le clarifier ; mettez en même temps le sucre, ou le sirop, si vous avez clarifié la cassonade, avec votre fruit, et le remuez sans cesse, parce que cette espèce de confiture est susceptible de s'attacher à la bassine ; la partie humide évaporée, retirez-la du feu, car elle est alors suffisamment cuite ; ayez soin de casser les noyaux, d'en jeter les amandes dans de l'eau bouillante, afin de les dépouiller de leur peau ; un peu avant de retirer votre marmelade de dessus le feu, jetez ces amandes dedans, et les remuez bien, pour que chaque pot puisse en avoir.

Confiture de prunes de mirabelle.

Prenez environ dix livres de prunes de mirabelle, dont vous retirerez les noyaux, et mettez-les cuire dans la bassine pendant environ un quart-d'heure ; passez ce fruit de la même manière que la groseille ; conservez ce jus, et épluchez la quantité d'autres prunes que vous voulez employer ; ensuite, mêlez les prunes crues avec ce jus, après avoir pris la précaution de peser votre fruit pour régler la quantité du sucre. Cette confiture exige au plus un quarteron de sucre par livre de fruit : elle se cuit de la même manière que l'abricot, mais elle exige un degré de cuisson de plus ; employez, comme pour les autres confitures, de la cassonade clarifiée ou non clarifiée, selon qu'elle est plus ou moins pure.

Confitures de prunes de reine-claude.

Prenez, comme pour la mirabelle, une quantité de prunes de reine-claude très-mûres, que vous faites cuire séparément. Cette confiture se fait absolument de même, et n'exige pas plus de sucre ; elle demande cependant encore un degré de plus de cuisson.

Confiture de la bonne ménagère.

Préparez des prunes sauvageonnes de la même manière que la mirabelle ou la reine-claude, à l'exception que vous ne passez pas le jus, comme pour les deux dernières ; faites-les cuire sur un feu modéré ; quand elles commencent à acquérir un degré de cuisson presque suffisant, jetez dans votre bassine environ deux livres de cassonade pour vingt-cinq à trente livres de fruit ; quand votre confiture est assez épaisse pour fatiguer la personne qui la retourne, retirez-la du feu, et mettez-la dans des pots de grès, parce qu'elle n'a point encore acquis le degré de cuisson nécessaire ; mettez ces pots de grès dans un four peu ardent, jusqu'au lendemain matin ; vous pouvez, après cela, les conserver au moins deux ans.

Confiture de poires de messire-jean.

Pelez vos poires, et les coupez par quartiers ; avec les pelures et le cœur, composez un sirop dans lequel mettez très-peu de sucre, parce que cette poire est très-sucrée par sa nature ; pour augmenter la quantité de sirop, et que la poire puisse baigner dedans et cuire à son aise, prenez six livres de raisin, exprimez-en le jus comme pour en faire une gelée ; quand les pelures et les cœurs de poires sont cuits, retirez-les du sirop, mettez-y le jus de raisin, puis vos quartiers de poires, avec la précaution de les remuer doucement, pour qu'ils se conservent entiers ; quand ils ont pris une couleur dorée, ils sont cuits ; retirez-les du feu.

C'est la confiture qui exige le plus de temps pour acquérir son degré de cuisson ; il faut avoir soin de ne la mettre que sur un feu modéré, sans quoi elle prendrait promptement la couleur qui ferait croire à sa cuisson, mais elle ne serait pas assez cuite, et ne se garderait pas.

Confiture de poires de rousselet.

Elles se préparent et se font de la même manière que les confitures de prunes. (Voyez *Confitures de prunes.*)

Confiture d'épine-vinette.

Cette confiture demande, ainsi que celle du verjus, une livre de sucre par livre de fruit. Votre épine-vinette épluchée, faites-la blanchir, ayant eu le soin de mettre dans l'eau deux citrons coupés par tranches, que vous retirez avant de jeter votre épine-vinette dedans ; ne la laissez dans l'eau que le temps qu'il faut pour lui ôter le trop d'acide que la quantité de sucre ne corrige pas ; ensuite faites-la égoutter sur des tamis, jusqu'à ce qu'elle n'ait plus aucune humidité ; puis mettez-la dans votre sirop, et la faites bouillir jusqu'à ce qu'elle tienne à l'écumoire assez de temps pour ne retomber dans le sirop qu'en commençant à se figer.

Confiture de verjus.

La confiture de verjus exige une livre de sucre pour une livre de fruit ; lorsqu'on veut l'avoir en gelée, on la fait de la même manière que celle de raisin ; pour lui ôter l'acide qu'elle conserve toujours, malgré la quantité de sucre, mettez un peu de jus de raisins bien mûrs.

Confiture de raisin.

Égrenez votre raisin, et mettez-le dans la bassine sans une goutte d'eau ; faites-le bien cuire, et le passez de même que la groseille ; si votre raisin est bien mûr, ne mettez pas un quarteron de sucre par livre ; cette confiture ne supportant d'autre liquide, que celle du jus du raisin, la moindre goutte d'eau l'empêche de se tourner en gelée ; elle s'écume comme la groseille.

L'on juge du degré de sa cuisson comme de celle de la groseille.

Confiture de raisin muscat en grains.

Avec des aiguilles fines, ôtez tous les pepins, et conservez soigneusement le jus, en prenant les plus grandes précautions pour que le grain reste en son entier ; faites bouillir environ douze livres de raisin plus ou moins, dont vous exprimez le jus; prenez un quarteron de sucre par livre de raisin; faites-en un sirop, dans lequel faites bouillir vos grains de raisin, jusqu'à ce qu'ils aient perdu leur couleur verdâtre; ensuite, retirez-les du sirop avec une écumoire; puis, mettez dans ce sirop le jus retiré du raisin que vous avez fait bouillir; et sur un grand feu, faites-le cuire, jusqu'à ce qu'il commence à former une gelée; alors mettez dans cette gelée vos grains entiers, et faites-les bouillir de nouveau, jusqu'à ce que votre jus soit en gelée parfaite; il faut un demi-quart d'heure au plus.

Gelée de pommes.

Prenez deux cents pommes de reinette, plus ou moins; pelez-les, ôtez-en les pepins, puis mettez-les cuire dans trois pintes d'eau; ajoutez deux écorces de citron, dont vous aurez ôté toute la chair, avec quatre ou cinq clous de girofle; vos pommes cuites, c'est-à-dire, réduites en compote liquide, mettez-les dans des chausses ou dans des linges bien propres; suspendez-les sur des vases pour recevoir le jus qui en tombe; puis, mettez ce jus dans la bassine, avec trois livres de sucre ou de cassonade au plus, si vos pommes sont bien mûres; coupez les écorces de citron que vous avez fait cuire avec vos pommes, et lorsque votre gelée commence à se faire, jetez-les dedans; vous connaîtrez si votre confiture est cuite, en faisant l'essai indiqué pour les autres gelées; sur-tout, ne quittez pas votre bassine, parce que cette confiture est susceptible, en deux ou trois bouillons de plus, de prendre un degré de cuisson qui la rendrait un peu trop ferme.

Pâte d'abricots.

Faites cuire deux cents abricots dans une bassine ; quand ils sont bien fondus, passez le jus dans un tamis ou linge bien propre ; exprimez-le, mais pas assez pour faire sortir beaucoup de chair ; quand ce jus est exprimé, mettez-le dans votre bassine, avec deux livres de sucre ; remuez-le sans cesse, jusqu'à ce qu'il soit bien cuit, et beaucoup plus que pour la marmelade ; puis, préparez des papiers blancs, que vous couvrez de sucre en poudre ou de cassonade passée dans une passoire, pour qu'il n'y reste point de morceaux, et que votre pâte puisse s'étaler bien uniment sur le papier ; quand elle est sur le papier, couvrez-la légèrement de sucre, puis mettez-la au four, et l'y laissez jusqu'au lendemain matin ; ensuite, serrez-la dans une boîte de sapin, ayant soin de séparer les morceaux de pâte avec du papier, afin qu'ils ne s'attachent point ensemble ; cette pâte se coupe par morceaux l'hiver, et se sert au dessert.

Pâte de prunes.

Elle se fait de la même manière que celle d'abricots ; mais elle exige un degré de plus de cuisson, parce que la prune est plus juteuse que l'abricot.

Pâte de pommes.

Exprimez le jus des pommes de la même manière que vous le faites pour la gelée ; ajoutez de même des citrons, sans en ôter la chair ; exprimez, au contraire, le jus du citron dans le jus du fruit ; puis mettez le tout dans la bassine avec le sucre ; il faut, pour deux cents pommes dont on aura exprimé le jus, deux livres et demie de sucre ; laissez cuire ce jus beaucoup plus que pour faire de la gelée ; étendez-le ensuite de la même manière que les autres pâtes sur du papier, et la mettez au four ; vous pouvez en rouler en bâton pour mettre dans les bonbonnières ; cette pâte se sert aussi en dessert.

Cerises sèches.

Mettez de belles cerises sur des claies dans un four tiède ; retournez-les jusqu'à ce qu'elles soient bien séchées ; ensuite, mettez-les dans des sacs de papier que vous suspendez au plancher de votre fruitier, de manière qu'elles reçoivent les influences d'un air tempéré ; l'hiver, si vous voulez faire des compotes de cerises, prenez de celles que vous avez fait sécher, avec un peu de sirop, dans lequel trempent vos cerises à l'eau-de-vie ; ajoutez-y la quantité d'eau nécessaire pour que vos cerises surnagent ; faites-les bouillir jusqu'à ce que l'eau devienne un peu sirop ; cela fait une compote d'hiver fort agréable, qui peut figurer dans un dessert.

INSTRUCTION pour servir une table bourgeoise de huit, douze, seize et vingt couverts.

TABLE *de huit couverts.*

PREMIER SERVICE.

1 Potage pour le milieu.
1 Pièce de viande de boucherie, pour relever le potage.

2 Entrées ; 2 Hors-d'œuvres.

1 Entrée d'une tourte de godiveau.
1 D'une poularde entre deux plats.
1 Hors-d'œuvre d'un lapin à purée de lentilles.
1 Hors-d'œuvre de trois langues de mouton en papillotes.

SECOND SERVICE.

2 Plats de rôt ; 3 Entremets.

1 De deux lapereaux.
1 De deux poulets à la reine.
1 Entremets de petits gâteaux.
1 De petits pois.
1 De crême gratignée.

TROISIÈME SERVICE.

7 Assiettes de fruits.

1 Jatte de gaufres pour le milieu.
1 Assiette de fraises.
1 De compote de cerises.
1 De crême fouettée.
3 Assiettes de confitures différentes.

BOURGEOISE. 175

TABLE de douze couverts.

PREMIER SERVICE.

*2 Potages ; 1 Piece de bœuf pour le milieu ;
2 Hors-d'œuvres.*

1 Potage à la julienne.
1 Potage au riz.
1 Hors-d'œuvre de raves.
1 Hors-d'œuvre de beurre de Vambre.

*Laissez la pièce de bœuf au milieu, et mettez à la place des deux potages et des hors-d'œuvres,
4 Entrées.*

1 De noix de veau aux truffes à la bonne femme.
1 De côtelettes de mouton au basilic.
1 De canards en hochepot.
1 D'une poularde à la bourgeoise.

SECOND SERVICE.

2 Plats de rôt ; 5 Entremets ; 2 Salades.

1 D'un levraut.
1 De quatre petits pigeons de volière.
2 Entremets pour le milieu d'un pâté d'Amiens.
1 D'une crême glacée.
1 De choux-fleurs.

TROISIÈME SERVICE.

Pour le milieu, une jatte de fruits cruds.

1 Compote de pommes à la portugaise.
1 Compote de poires.
1 Assiette de gaufres.
1 Assiette de marrons.
1 Assiette de gelée de groseilles.
1 Assiette de marmelade d'abricots.

TABLE de seize couverts.

Pour le milieu un surtout qui reste pour tout le service; aux deux bouts, deux potages.

1 Potage aux choux.
1 Potage aux concombres.

   4 Entrées pour les quatre coins du surtout.

1 D'une tourte de pigeons.
1 De deux poulets à la reine, à la sauce appétissante.
1 D'une poitrine de veau en fricassée de poulets.
1 D'une queue de bœuf en hochepot.

6 *Hors-d'œuvres pour les deux flancs et les quatre coins de la table.*

1 De côtelettes de mouton sur le gril.
1 De palais de bœuf en menus droits.
1 De boudin de lapins.
1 De choux-fleurs en pains.
2 De petits pâtés friands pour les deux flancs.

   2 Relevés pour les deux potages.

1 De la pièce de bœuf.
1 D'une longe de veau à la broche.

SECOND SERVICE.

Rôts et entremets à-la-fois.

4 Plats de rôt aux quatre coins du surtout.

1 D'une poularde.
1 De trois perdreaux.
1 De dix-huit mauviettes.
1 D'un caneton de Rouen.

   2 Salades pour les flancs.
   2 Entremets pour les deux bouts.

1 D'un gâteau de viande.

BOURGEOISE.

1 D'un pâté froid.

  4 Petits entremets pour les quatre coins.

1 De beignets de crême.
1 De petits haricots verts.
1 De truffes au court-bouillon.
1 D'une tourte de gelée de groseilles.

TROISIÈME SERVICE.

Pour les deux bouts du surtout.

2 Grandes jattes de fruits crus.

Pour les deux flancs.

2 Jattes de gaufres.

Pour les quatre coins du surtout.

4 Compotes de fruits différens.

Pour les quatre coins de la table.

4 Assiettes de confitures différentes.

TABLE *de vingt couverts.*

PREMIER SERVICE.

Au milieu un surtout qui reste pendant les deux services.

2 *Potages.*

1 Au naturel.
1 A la julienne.
Pièce de bœuf.
Relevé de bœuf.
Bœuf rôti et une longe de veau ; en général deux grosses pièces.

6 *Entrées.*

2 De viande de boucherie.
2 En poisson.
2 En pâtisserie.

6 *Hors-d'œuvres.*

Raves, radis, beurre, et petits gâteaux.

SECOND SERVICE.

4 *Plats de rôt.*

1 De volaille.
1 De poisson de mer.
1 De gibier.
1 De grosse viande.
2 Salades.

6 *Entremets.*

2 En viande froide.
2 En légumes.
2 En petites pâtisseries, œufs ou sucreries.

TROISIÈME SERVICE.

Dessert.

4 Compotes.
4 Assiettes des fruits de la saison.
2 Sortes de fromages.
2 Assiettes de confitures.
2 De diverses pâtisseries.
Le sucrier rempli de sucre râpé.

FIN DE LA CUISINIÈRE BOURGEOISE.

LA BONNE
MÉNAGÈRE.

AVERTISSEMENT.

Nous avons cherché, dans ce recueil, à réunir l'utile à l'agréable : *utile dulci*. Une sage économie, sur-tout à la campagne, peut procurer des jouissances que le riche achette à grands frais. La bonne ménagère supplée à tout; elle fait ses provisions dans la saison favorable, et met en usage tous les moyens propres à les conserver pour la saison où l'on ne recueille plus rien.

Ce petit ouvrage est nécessaire,

1° A tous ceux qui, n'ayant qu'une fortune médiocre, veulent tirer parti de tout à leur plus grand avantage;

2° A une fermière, à une famille bourgeoise fixée à la campagne.

Sans faire de grandes dépenses, en

s'occupant de leurs intérêts, ils auront la ressource journalière d'avoir toujours sous la main, et dans tous les temps, tout ce qui leur est convenable, et même un peu de superflu, qui est toujours agréable, lorsqu'il provient de notre travail et de nos soins.

Cet ouvrage ne ressemble à aucun de ce genre; et il est, pour ainsi dire, le *veni mecum* de la bonne ménagère, qui trouvera le moyen de se procurer l'abondance par l'économie.

LA BONNE MÉNAGÈRE.

LAITERIE.

De la manière de faire le beurre, le fromage, la presure, etc., etc.

La laiterie doit être tenue avec la plus grande propreté. Il faut toujours traire les vaches à la même heure, car le trop long séjour du lait dans leurs mamelles leur fait beaucoup de mal, et les rend moins abondantes. Le soir, il ne faut pas les traire plus tard que cinq heures, afin que les mamelles aient le temps de se remplir pour le lendemain matin; et chaque fois il faut presser les mamelles avec soin, afin qu'il n'y reste point de lait.

Le lait arrivé dans la laiterie, il faut le passer et le verser dans des vases bien propres.

Manière de faire le beurre.

Aussitôt que le beurre est battu, ouvrez la baratte; enlevez-le avec les mains; séparez-le du lait, et mettez-le dans un vase de terre bien propre; s'il doit être employé dans sa fraîcheur, remplissez le vase d'eau claire, remuez-y bien le beurre jusqu'à ce qu'il s'affermisse et qu'il soit sans mélange d'humidité ; ensuite, avec la pointe d'un couteau, enlevez-en tous les petits corps étrangers qui s'y trouvent mêlés ; après cela étendez-le mince dans un vase ; pétrissez-le bien, et donnez-lui la forme que vous voudrez.

En été, il faut écrémer le lait avant que le soleil donne sur la laiterie. Dans cette saison, il ne faut pas que le lait séjourne plus de vingt-quatre heures dans les vases, et le soir il ne faut l'écrémer qu'après le coucher du soleil ; en hiver, on peut laisser le lait trente-six ou quarante-huit heures sans l'écrémer.

Il faut déposer la crème dans un vase profond, que l'on tiendra en été dans l'endroit le plus frais de la laiterie, ou dans un cellier frais où l'air circule librement. Battez le beurre deux fois par semaine dans les temps chauds ; c'est de grand matin et en plein air qu'il faut faire cette opération. On doit battre le beurre plus long-temps en hiver qu'en été.

Beurre fondu.

Il n'est pas nécessaire que vous ayez du beurre aussi frais que celui que vous voulez saler. Après l'avoir rompu, mettez-le dans un chaudron, avec trois gros oignons coupés en quatre, afin d'avoir la facilité de les retirer avec l'écumoire ; ajoutez trois ou quatre feuilles de laurier amandier, et mettez le tout sur un feu modéré. Il faut sur-tout vous bien garder de l'écumer ; cessez de le remuer quand tous les morceaux sont fondus, et n'y introduisez l'écumoire que pour en retirer les oignons et les feuilles de laurier. Quand toute l'écume est tombée au fond, et que votre beurre a pris une couleur d'or, retirez-le, et le laissez un peu reposer; mettez-le ensuite dans des pots de grès.

Beurre salé à demi-sel.

Lavez bien votre beurre, car le moindre petit lait qui y reste peut le gâter; mettez une assez grande quantité de sel dans de l'eau, pour qu'elle soit extrêmement salée; laissez-le fondre, et le tirez à clair; ensuite mettez votre beurre dans l'eau par petites mottes, et le laissez tremper cinq à six heures; préparez pendant ce temps les pots qui doivent le contenir; frottez-les bien avec du laurier-amande; mettez-en quelques feuilles au fond de vos pots, avec une couche de sel. La personne qui pétrira le beurre dans l'eau salée se lavera les mains avant, et emploiera de la cendre en guise de pâte d'amande : cette précaution empêche le beurre de tenir aux doigts.

Pétrissez le beurre avec attention, et faites en sorte qu'il soit bien imprégné de l'eau salée; cette opération faite, mettez-le dans les pots, en le pressant bien, afin que l'air n'y pénètre pas; ensuite couvrez-le de sel bien fin.

Manière de faire le fromage en général.

Les fromages ne diffèrent entre eux que par la différence de la manière dont on les fait. On peut en faire avec du lait nouveau ou du lait écremé, ou bien avec du lait caillé sans secours étrangers, ou plus promptement avec de la présure. Lorsque vous faites du fromage, dès que le lait est caillé, il faut le séparer avec soin du petit lait; pétrissez-le bien également avec les mains, et mettez-le à mesure dans une éclisse; il faut qu'il dépasse les bords de l'éclisse d'un pouce ou davantage, et, lorsque vous pressez le fromage pour en faire sortir le petit lait, il ne faut pas qu'il soit dépassé par les bords de l'éclisse, car il ne vaudrait rien; avant de le mettre dans l'éclisse, il faut étendre au fond de celle-ci une toile assez grande pour le couvrir entièrement; mettez ensuite le fromage à la presse, où il doit rester deux heures; retournez-le, mettez par-dessous un linge propre, et le retournez du côté où il était auparavant; alors pressez-le de nouveau pendant six ou huit heures, puis le retournez et le frottez des deux côtés avec du sel; après, pressez-le une troisième fois pendant douze heures; coupez tout ce qui dépasse les bords de la presse; ensuite mettez-le sur une planche sèche, et retournez-le tous les jours.

Manière de faire de bonne présure.

Prenez une mulette de veau bien fraîche, car, pour peu qu'elle soit corrompue, le fromage ne vaudra rien; prenez aussi deux pintes d'eau douce bien claire; mettez-y un peu de sel, un peu d'églantier odoriférant, des feuilles de roses, de la canelle, du macis, des clous de girofle, et un peu de toutes les épices et aromates que vous aurez ; faites bouillir le tout jusqu'à ce que l'eau soit réduite à une pinte et demie ; ayez soin qu'elle ne prenne pas un goût de fumée ; passez la liqueur ; séparez-la des épices, etc., et, quand elle n'a plus que la chaleur du lait nouvellement trait, versez-la sur la mulette de veau ; mettez-y, si bon vous semble, un citron coupé par tranches ; laissez reposer la liqueur un jour ou deux, ensuite passez-la de nouveau, et mettez-la dans une bouteille que vous boucherez avec du liége. La présure peut se conserver un an : elle aura du parfum. Une petite dose suffit pour cailler le lait, et donner au fromage un goût agréable.

Fromage à la crème.

Mêlez douze pintes de lait nouveau et une pinte de crême ; mettez-y une dose de présure pour cailler le mélange, qui doit être tiède ; quand il est caillé, couvrez d'un linge une éclisse d'une grandeur proportionnée à celle du fromage que vous voulez faire ; coupez le lait caillé avec une écumoire, et mettez-le dans l'éclisse jusqu'à ce qu'elle en soit remplie ; rabattez le linge sur le fromage, et, quand il s'affaisse, ajoutez du lait caillé jusqu'à ce qu'il y en ait une quantité suffisante pour votre fromage ; le petit lait égouté, retournez le fromage sur un linge sec, et mettez par-dessus un poids d'une livre ; à l'entrée de la nuit, retournez-le sur un autre linge, et, le lendemain matin, salez-le un peu ; ensuite faites un lit avec des orties ou des feuilles de frêne ; couchez-y votre fromage ; couvrez-le d'orties ou de feuilles de frêne, et changez-les deux fois par jour pendant environ dix jours ; après quoi vous pouvez vous servir de votre fromage.

Fromage à la sauge.

Broyez des sommités de jeune sauge rouge dans un mortier, pour en exprimer le jus ; broyez également quelques feuilles d'épinards ; mêlez-en le jus avec celui de la sauge, pour lui donner une couleur verte et lui ôter son amertume ; après cela, mettez de la présure dans du lait ; mêlez aussi avec le lait du jus de sauge et d'épinards pour le colorer en vert, et lui donner plus ou moins de couleur et le goût de la sauge ; le lait caillé, broyez-le bien légèrement et également ; mettez-le dans une éclisse ; pressez-le doucement, afin qu'il fasse un fromage tendre et moëlleux ; laissez-le environ huit heures sous la presse, au bout desquelles salez-le, et retournez-le chaque jour ; dans l'espace d'un mois il sera bon à manger.

Fromage au souci.

Broyez dans un mortier quelques feuilles de souci, les plus fraîches et les plus vermeilles que vous trouverez ; passez le jus ; mettez-en dans le lait en même temps que la présure, et mêlez bien ; le lait pris, broyez-le aussi légèrement et également que vous pourrez; mettez-le dans une éclisse; pressez-le légèrement; le petit lait s'écoulera facilement par les trous qui sont au fond de l'éclisse. Observez pour le reste les procédés indiqués plus haut pour les autres fromages.

Fromage imitant le cheschire.

Quand votre lait est caillé, ne le pétrissez pas dans un plat, mais poussez-le avec les mains vers l'un des côtés du vase, et pétrissez-le légèrement et régulièrement; car, si vous le pressez rudement, une grande partie du lait se tournera en petit lait; à mesure que vous le pétrissez, mettez-le dans l'éclisse, et, quand elle est pleine, salez-le à différentes reprises, pressez-le et retournez-le souvent.

Ces fromages, qui doivent avoir environ sept ou huit pouces d'épaisseur, ne sont bons à trouer qu'au bout d'un an : on doit les retourner et les changer souvent de place sur une tablette, et les frotter avec un gros torchon sec. A la fin de l'année, faites un trou au milieu du fromage, versez dans ce trou un poisson de vin d'Espagne, fermez le trou avec le même morceau que vous avez coupé, et laissez-le six mois dans un cellier pour se perfectionner. Au bout de ce temps le vin aura disparu, et le trou sera en quelque sorte cicatrisé; alors vous pouvez vous en servir.

MANIÈRE D'ÉLEVER, DE NOURRIR ET DE SOIGNER LA VOLAILLE.

Le premier soin qui doit occuper une ménagère est le choix de la volaille qui se multiplie le plus facilement. La volaille d'un âge moyen est propre à couver, et la jeune à pondre. Six poules pour un coq. Pour les rendre familiers, distribuez-leur la nourriture à la même place et à la même heure.

C'est depuis l'âge de deux ans jusqu'à cinq que la poule est plus propre à couver. Février est le mois qui convient le mieux pour cela ; les mois suivans jusqu'à la Saint-Michel conviennent également. La poule couve pendant vingt jours, la cane et la dinde trente jours.

Dans le choix des coqs et des poules, il faut assortir ceux qui se ressemblent le plus par leur nature. Les plus grosses poules sont les meilleures ; il faut les choisir proportionnées au coq ; seulement au lieu d'une crête, elle doit avoir sur la tête une grosse touffe de plumes. Les poules qui chantent ne sont bonnes ni pour pondre ni pour couver. Ne choisissez jamais une poule grasse ; elle n'est bonne ni pour l'une ni pour l'autre de ces fonctions ; elle est d'ailleurs paresseuse et indolente.

C'est à l'âge d'un an et demi ou deux ans que la poule pond les meilleurs œufs. Si vous voulez qu'elle en produise de gros, donnez-lui quelquefois de l'avoine. Pour empêcher les poules de manger leurs œufs, mettez dans le poulailler quelques morceaux de craie de la forme des œufs; les poules viendront les becqueter; mais, trompées dans leur attente, elles perdront cette habitude. Quand la poule est disposée à couver, ce que l'on connaît à sa manière de glousser, hâtez-vous de favoriser cette disposition, mais ne lui donnez pas plus de dix œufs.

Le meilleur temps pour faire couver est le mois de février, dans la pleine lune; en sorte que les petits éclosent au commencement de la nouvelle. Dans ce mois la couvée est meilleure que dans tout autre, quoiqu'on puisse encore faire couver utilement depuis cette époque jusqu'au mois d'octobre; mais ne le faites jamais dans les mois suivans.

Il ne faut pas troubler la poule qui couve, car elle abandonnerait son nid et n'y reviendrait plus. Pour prévenir cet inconvénient, placez de l'eau et du grain à sa portée, afin que les œufs ne se refroidissent pas lorsqu'elle va chercher sa nourriture. Lorsqu'elle sort du nid, profitez de ce moment pour remuer doucement la paille, et remettez les œufs dans le même ordre où vous les avez trouvés.

Que votre poulailler soit large et spacieux, avec un toit élevé et de fortes cloisons; qu'il ait ses jours à l'orient, afin que la volaille puisse jouir des bienfaits du soleil levant.

Le sol de votre poulailler ne doit pas être pavé, mais fait avec de la terre bien battue.

Il est important de purger le poulaillier de toute vermine; pour s'en délivrer, il convient de semer de l'absinthe et de la rue autour du poulailler. Vous pouvez aussi faire bouillir de l'absinthe, et arroser le sol du poulailler avec cette décoction; ce procédé contribue non-seulement à chasser la vermine, mais encore à maintenir la volaille en bonne santé.

Lorsque vous voulez engraisser des poulets, enfermez-les dans des loges, et nourrissez-les avec de la farine d'orge. Mettez un peu de brique pilée dans leur eau; ce qui non-seulement leur aiguisera l'appétit, mais contribuera encore à les faire engraisser.

La volaille est généralement sujette à une maladie appelée *pépie*; c'est une écaille mince qui se forme sur le bout de la langue, et qui empêche l'animal de manger; elle est produite par la nourriture ou l'eau mal-propre, ou par le défaut d'eau. On enlève facilement cette écaille avec l'ongle, ensuite on frotte de sel la langue de l'animal.

Poulets hâtifs, ou poulets de Pâques.

Dans les premiers jours d'octobre, prenez une quarantaine de paires de pigeons, que vous mettez dans un grenier exposé au midi; bouchez toutes les issues qui pourraient introduire l'air froid, et donnez-leur à manger de la vesce et du sarrazin, avec force sel; cela les échauffe, ils entrent en amour et pondent. Ayez soin de substituer des œufs de poule à la place des leurs, et surtout remarquez bien le jour où vous les mettez couver, afin d'ôter les poulets aussitôt qu'ils seront éclos, la pigeonne dégorgeant à ses petits, ce qui occasionnerait la mort des poulets, dont la structure du bec ne permet pas ce mode de nourriture. Dans le même moment où vous mettez vos pigeons couver, prenez deux dindes mères que vous enfermez dans l'étable, et à qui vous donnez une nourriture échauffante, afin d'accélérer leur ponte; quand ces deux poules d'Inde auront fini de pondre, enivrez-les aussitôt que vos poulets seront éclos, et mettez les poussins sous leurs ailes; elles les mèneront et les élèveront comme si elles les avaient couvés.

Avec ces poulets, on peut encore faire ce qu'on nomme des *coqs vierges de Normandie,* qui sont très-recherchés. A cet effet, lorsque vos poulets ont marqué, c'est-à-dire, quand la crête leur pousse, séparez-les des poulettes, et donnez-leur une nourriture composée de pâte de farine de sarrazin; puis procurez-vous des épluchures de riz; ne leur donnez à boire que du lait coupé avec de l'eau; pétrissez leur pâtée avec du lait, et n'oubliez pas d'y mettre du sel; le riz peut être remplacé par du petit blé mondé.

Des canards.

C'est en février que les canards commencent à pondre. En faisant semer du persil autour des étangs qu'ils fréquentent, on donne à leur chair un goût très-agréable. Il faut toujours qu'ils aient un asile pour la nuit ; que ce lieu soit le plus près de l'eau qu'il sera possible, et qu'il renferme leurs nids.

Enlevez chaque jour les œufs de vos cannes jusqu'à ce que vous les voyiez disposées à couver : alors laissez les œufs à la place où elles les ont pondus. Elles exigent peu de soin lorsqu'elles couvent ; seulement il faut avoir l'attention de mettre à leur portée de l'orge, des balayures de grains et de l'eau.

En hiver, il convient mieux de faire couver leurs œufs par une poule que de les leur laisser couver, parce que la canne menera trop tôt les petits à l'eau, et, si le temps est froid, il en périra plusieurs. Le nombre des œufs qu'il faut mettre pour une canne est d'environ douze ou treize.

On peut engraisser les canards, quel que soit leur âge ; il suffit de les tenir dans un lieu séparé dans le poulailler, et de leur donner en abondance du grain et de l'eau. Ils s'accommodent de toutes sortes de grains. Ils s'engraissent très-facilement dans l'espace de quinze jours ou de trois semaines.

Des oies.

Les oies demandent peu de soins et de dépense, car elles se nourrissent de tout ce qu'elles trouvent ; il suffit qu'elles aient de l'eau en abondance. Les oies les plus grosses, pourvu qu'elles soient blanches ou grises, sont estimées ; on fait ordinairement peu de cas de celles qui sont noires ou de couleur-pie.

L'oie couve ordinairement trente jours ; mais si le temps est beau et chaud, les petits éclosent trois ou quatre jours plutôt. Il faut lui fournir de la mangeaille en abondance, et lui donner du son et des balayures d'avoine échaudées. Lorsque les petits sont éclos, il faut les tenir enfermés dix ou douze jours, et les nourrir avec du lait caillé, de la farine d'orge, du son, ou toute autre chose semblable. Une oie mâle suffit ordinairement pour quatre ou cinq femelles.

Quand vous voulez engraisser des oisons, enfermez-les à l'âge d'un mois ; un mois après ils seront assez gras. On engraisse les oies jusqu'à l'âge de six mois, ou après la moisson. Si l'on désire qu'elles soient bien grasses, il faut les enfermer quinze jours ou trois semaines, et les nourrir avec de l'avoine, des fèves broyées, de la farine d'orge, ou de la drèche moulue et mêlée avec du lait.

Des dindons.

Ces oiseaux, d'une constitution très-délicate,

étant jeunes, réclament le plus grand soin; ils demandent à être tenus chaudement; les femelles sont si négligentes, que, pourvu qu'elles se voient suivies d'un de leurs petits, elles ne s'inquiètent pas des autres. Les dindons sont très-avides de grains; on les abandonne à eux-mêmes lorsqu'ils sont grands; ils pourvoient à leur nourriture, et mangent les herbes, les graines et tout ce qu'ils trouvent.

Ils déposent souvent leurs œufs dans des lieux cachés; ce qui oblige à les surveiller et à les forcer de pondre au logis. Les dindes commencent à pondre en mars, et couvent en avril; il ne faut pas mettre plus de douze œufs dans le nid.

Lorsque les petits sont éclos, ce qui arrive entre le vingt-cinquième et le trentième jour, il faut les tenir bien chaudement. On les nourrit avec du lait caillé, ou du fromage mou coupé en petits morceaux; on les abreuve avec du lait nouveau ou avec du lait et de l'eau. Il faut leur donner souvent à manger, car la mère ne prend pas la peine de leur en donner. Quand ils sont un peu forts, on les nourrit en plein air, mais dans un lieu clos, pour qu'ils ne puissent pas sortir : il faut avoir soin de les mettre à couvert à l'entrée de la nuit, parce que la rosée qui tombe sur l'herbe leur est très-préjudiciable.

Quand vous voudrez engraisser des dindons, nourrissez-les d'abord avec de l'orge ou de l'avoine bouillies, pendant quinze jours, et le même espace de temps avec ce qui suit : Prenez de la farine d'orge bien passée, et mêlez-la avec du lait nouveau; faites-en une pâte épaisse; façonnez-la en pains ou en tranches épaisses vers le milieu, et minces sur les bords. Ensuite humectez-les avec du lait tiède, et remplissez-en régulièrement le jabot du dindon trois fois par jour; le matin, à midi et le soir.

Des pigeons.

C'est en mai et en août qu'il convient de faire sa provision de pigeons, parce qu'alors ils sont jeunes et bien portans. Les pigeons de volière ne couvent en général que deux œufs à-la-fois; mais leurs couvées sont fréquentes : si on les nourrit bien, et si on leur donne des soins, ils feront douze ou treize couvées par an.

Il faut les tenir propres. L'ivraie et les pois blancs sont ce qu'ils aiment le plus: il faut répandre un peu de gravier autour du colombier, et mettre de l'eau propre en différens endroits. On doit aussi les préserver de la vermine, et écarter de leurs nids les étourneaux et autres oiseaux, dont les uns sucent leurs œufs, et les autres les détruisent entièrement. Le pigeon ordinaire ou de colombier a de grands avantages sur les autres espèces, parce qu'il est plus hardi et qu'il supporte les plus mauvais temps. Dans l'accouplement des pigeons, il faut proportionner les sexes; un nombre trop considérable de mâles appauvrira le colombier; car ils deviendront querelleurs, chasseront les plus faibles, en sorte qu'un bon colombier sera bientôt ruiné.

Comme les pigeons aiment beaucoup le sel, il convient de placer près du colombier un tas d'argile, et de verser sur cette argile toutes les eaux salées qui deviennent inutiles dans la maison. L'usage du sel contribue plus que toute autre chose à leur rétablissement quand ils sont malades. Un mélange de sel gris et de graines de cumin est un remède universel pour la plupart des maladies auxquelles ils sont sujets.

Les pigeons ont quelquefois de la gale sur le dos et sur l'estomac. Quand cela arrive, prenez un quart de sel gris, la même quantité de sel commun, une livre de graines de fenouil, une livre de graines d'anet, une livre de graines de cumin, et une once ou deux d'assa-fétida; mêlez le tout avec un peu de farine de froment et un peu d'argile très-fine. Après avoir bien battu ce mélange, mettez-le dans deux pots, et faites-le cuire au four. Quand il est refroidi, dispersez-en çà et là dans le colombier ou sur une table; les pigeons viendront en manger et seront bientôt guéris.

Des lapins.

Peu d'animaux sont aussi productifs, car ils engendrent tous les mois. Aussitôt que la femelle est en chaleur, il faut la mettre au mâle, autrement elle tuerait ses petits. Il faut les nourrir avec du foin très-doux, de l'avoine, du son, du persil, quelques feuilles de chou, et autres herbes et plantes semblables, et toujours fraîches. On doit avoir soin surtout de les tenir bien propres.

Si on les nourrit, quand ils sont jeunes, avec du son, de l'avoine et des herbes odoriférantes, telles que thym, serpolet, pimprenelle, feuilles d'accacia, genet, basilic, on aura des lapins d'une chair délicate et savoureuse.

DES ŒUFS ET DE LA MANIÈRE DE LES CONSERVER.

Manière de conserver les œufs qui doivent être employés pour les sauces, ou se manger fricassés.

Ayez de la cendre, que vous passez dans un gros tamis; mettez cette cendre, soit dans un petit tonneau, soit dans des pots. A mesure que vous recueillez vos œufs, mettez-les dans cette cendre, ayant soin que vos œufs en soient entièrement couverts.

Quand la ponte de vos poules est finie, ce qui arrive vers la mi-octobre, ayez un autre vase propre à recevoir vos œufs, dans lequel mettez de même de la cendre, et les transvasez, afin de commencer à manger les premiers pondus, qui, sans cette précaution, se trouveraient être les derniers pour être employés.

Moyen de conserver les œufs plusieurs mois, de manière qu'ils soient aussi bons que des œufs frais.

Le jour même où les œufs ont été pondus,

ou du moins très-peu de temps après, faites-les cuire à l'eau bouillante, comme pour les manger à la coque. Retirés de l'eau, marquez-les du quantième du mois, soit avec de l'encre ou du crayon, afin de les manger suivant leur rang d'âge; puis serrez-les dans un lieu sec et frais.

Quand vous voulez employer ces œufs, mettez-les à l'eau froide sur le feu; et quand l'eau est bien chaude, les œufs sont en état d'être mangés.

On les garde ainsi plusieurs mois, sans qu'ils éprouvent la plus petite altération.

Manière d'avoir toujours des œufs frais pendant les plus grands froids et les hivers les plus longs.

Dès la fin d'octobre, prenez une douzaine de poules-mères; mettez-les dans l'étable des vaches, derrière des claies, assez hautes pour qu'elles ne puissent les franchir. Donnez-leur, pour toute nourriture, du sarrazin, et, le matin, une pâtée de chenevis pilé, dans laquelle mettez très-peu de son d'orge, et environ un sixième de brique pilée, et passée par un tamis. Cette nourriture les échauffe, au point de les faire pondre tous les jours; mais aussi, au printemps, ce sont des poules ruinées; elles ne sont plus bonnes qu'à engraisser pour mettre au pot.

Lorsqu'elles ont fini de pondre, retranchez-leur la pâtée de chenevis et de brique; substituez-y de l'orge pendant quelques jours; puis engraissez-les avec une pâtée faite avec de la farine de sarrazin, et pour graine, du blé de Turquie.

~~~~~~~~~~~~~~~~~~~~~~~~~~~

RECETTES POUR CONSERVER LES LÉGUMES ET LES GRAINES.

Recette pour conserver les artichauts.

Prenez de beaux artichauts, que vous préparez comme pour les faire cuire; mettez-les dans l'eau bouillante, et les y laissez assez de temps pour que vous puissiez en enlever la calotte et extraire ce qu'on appelle *le foin*. A la place du foin, introduisez du sel bien fin; puis mettez vos artichauts dans des pots de grès, que vous remplissez d'eau, en y ajoutant une bonne poignée de sel. Le lendemain, jetez cette eau, et remettez-en de l'autre avec quatre bonnes poignées de sel, un demi-setier de vinaigre environ, et couvrez vos pots avec du beurre. Lorsque vous voudrez employer ces artichauts, faites-les tremper alors dans de l'eau tiède et cuire à grande eau.

Recette pour conserver la chicorée.

Après avoir épluché et lavé avec beaucoup de soin votre chicorée, jetez-la dans de l'eau bouillante, et retournez-la jusqu'à ce qu'elle soit amortie, mais non cuite; ensuite mettez-la dans de l'eau fraîche; puis faites-la bien égoutter, avant de la mettre dans des pots. Ayez le soin de jeter la première eau salée, au bout de vingt-quatre heures d'infusion; puis remettez de l'eau fraîche, dans laquelle vous n'épargnez pas le sel: couvrez toujours vos pots avec du beurre.

Voulant manger votre chicorée, lavez-la avec soin, et épongez-la chaque fois que vous la changerez d'eau; faites-la cuire à grande eau, et hachez-la avant de la fricasser.

Recette pour conserver l'oseille.

C'est au mois de septembre qu'on fait ou que l'on prépare de l'oseille pour l'hiver: à cet effet, on hache séparément de l'oseille, dans laquelle on met du persil, de la ciboule, du cerfeuil, de la petite laitue et de la poirée.

En faisant cuire votre oseille, il faut avoir soin de la remuer sans cesse avec un grand bâton, afin qu'elle ne s'attache point. A mesure qu'elle fond, remettez-en de l'autre dans le chaudron; que le feu ne soit pas ardent : on juge de son degré de cuisson par sa pesanteur. Quand elle commence à s'épaissir, vous la salez un peu plus que si c'était pour manger de suite.

Lorsqu'elle est suffisamment cuite, mettez-la dans des pots de grès, et laissez-la refroidir avant de la couvrir de beurre. Si votre oseille étant froide, l'eau surnageait dessus, remettez-la sur le feu, car elle n'est pas assez cuite, et se gâterait infailliblement.

Recette pour conserver les concombres.

Pelez des concombres bien mûrs, dont vous ôterez toute la graine, en laissant les morceaux un peu gros; jetez-les dans de l'eau bouillante pour les blanchir, après quoi mettez-les égoutter; et s'il s'en trouvait par hasard qui fussent trop mous, alors vous les mettriez de côté pour les manger de suite.

Vos concombres blanchis, mettez-les dans des pots de grès avec du sel gris : le lendemain, jetez cette eau, et remettez-en de la nouvelle, que vous salez fortement; faites en sorte que vos concombres baignent dans l'eau; mettez, pour chaque pot, un demi-setier de vinaigre, et couvrez vos pots avec du beurre.

Lorsque vous voulez vous en servir, lavez-les dans trois ou quatre eaux différentes, et qui soient tièdes; ensuite faites-les cuire à grande eau; après quoi, jetez-les dans l'eau fraîche quand ils sont cuits; égouttez-les et accommodez-les de la manière que vous jugerez convenable.

Recette pour conserver les cardes poirées.

Épluchez vos cardes poirées comme pour les faire cuire, ayant surtout l'attention d'en ôter toutes les filandres; ensuite préparez-les de la même manière que les concombres.

Recette pour conserver les haricots verts pour l'hiver.

Prenez des haricots verts qui ne soient point

trop gros; épluchez-les sans les casser en deux; ôtez seulement les extrémités; faites-les blanchir sans trop les laisser bouillir, afin qu'ils conservent leur verdeur et leur fermeté; puis faites-les bien égoutter; ensuite mettez-les dans des pots de grès, point assez pressés, pour qu'ils ne puissent pas baigner dans l'eau; mettez dans chaque pot une poignée de sel, et les laissez ainsi jusqu'au lendemain. Après cette opération, mettez dans chaque pot de haricots deux tiers d'eau et un tiers de vinaigre, avec du sel, trois ou quatre bonnes poignées dans chaque pot de trois pintes; couvrez-les ensuite avec du beurre que vous faites fondre.

Lorsque vous découvrez vos pots pour vous en servir, faites refondre ce beurre, qui vous servira encore à faire des fritures.

Les haricots ainsi préparés, se conservent jusqu'à ce que les nouveaux soient poussés.

Autre recette.

Après avoir épluché vos haricots sans les casser, mettez-les dans des pots de grès remplis d'eau de fontaine, mais de telle manière qu'ils puissent y baigner; couvrez-les de trois pouces d'huile. Voulant vous en servir, retirez la quantité qui vous est nécessaire, en soulevant la croûte qui s'est formée dessus; lavez-les à l'eau chaude deux fois, et faites-les cuire comme à l'ordinaire.

Recette pour conserver les choux.

Après avoir épluché vos choux, coupez-les

en quatre, et faites-les blanchir; lorsqu'ils sont refroidis et égouttés, empotez-les avec de l'eau, du vinaigre, une gousse d'ail et quelques clous de girofle; couvrez-les avec de l'huile : lorsque vous voulez vous en servir, opérez de la même manière que dans l'article précédent.

Recette pour conserver les asperges.

Après avoir nettoyé et ôté le blanc de vos asperges, faites-les blanchir, en prenant garde de ne pas les écorcher; mettez-les dans un pot de grès ou un bocal de verre, dans lequel vous versez de l'eau et du vinaigre, chacun de ces liquides par moitié; ajoutez-y du sel et quelques tranches de citron; couvrez ensuite avec de l'huile : lorsque vous voulez vous en servir, faites la même opération que dans l'article ci-dessus.

DES RATAFIAS.

Ratafia de cerises.

Choisissez des cerises bien mûres, dont vous ôtez les queues et les noyaux; prenez un peu de framboises, écrasez le tout ensemble, et mettez-les ensuite dans une cruche bien propre, où vous les laissez quatre ou cinq jours. Ayez soin de remuer le marc tous les jours deux ou trois fois, pour lui faire prendre du goût et une belle couleur; alors pressez le marc pour en tirer tout le jus; il faut ensuite mesurer le jus, et, sur trois pintes de jus, mettre deux pintes d'eau-de-vie ; pour les cinq pintes de ratafia, concassez trois poignées de noyaux des mêmes cerises, un quarteron de sucre par pinte ; mettez le tout infuser dans la même cruche avec une poignée de coriandre, un peu de canelle ; remuez-le tous les jours pendant l'espace de sept ou huit jours ; passez-le à la chausse, mettez-le dans des bouteilles bien bouchées, et ensuite à la cave.

Ratafia d'abricots.

Coupez par petits morceaux un quarteron d'abricots, cassez-en les noyaux pour en tirer les amandes, que vous pelez et concassez ; mettez-les dans une cruche avec les abricots, et deux pintes d'eau-de-vie, une demi-livre de sucre, un peu de canelle, huit clous de girofle et un peu de macis ; bouchez bien la cruche, laissez infuser quinze jours ou trois semaines, ayant soin de remuer souvent la cruche ; après ce temps, passez-les à la chausse pour les mettre dans des bouteilles que vous portez à la cave.

Ratafia de framboises.

Prenez huit livres de framboises ; détachez-les de leurs queues ; écrasez-les avec les mains ; mettez-les dans un tonneau avec trente-deux pintes de bonne eau-de-vie, deux livres de sucre en poudre et une pinte de vin d'Espagne ; remuez bien le tout ensemble, et laissez-le reposer un mois ; ensuite soutirez ce ratafia dans un autre tonneau; et quand il aura acquis son dernier degré de perfection, mettez-le en bouteilles; bouchez bien les bouteilles avec du liége.

Ratafia d'anis.

Pour faire deux pintes de ratafia d'anis, mettez une livre de sucre dans une poêle avec un demi-setier d'eau; faites-les bouillir ensemble jusqu'à ce que le sucre soit bien écumé et clair; ensuite faites bouillir un demi-setier d'eau; mettez-y trois onces d'anis; ôtez-le du feu sans qu'il bouille; laissez-le infuser un quart-d'heure, et mettez-le dans le sucre avec trois chopines d'eau-de-vie; remuez le tout avant de le mettre dans une cruche; bouchez bien la cruche, et exposez-la au soleil; laissez infuser votre ratafia pendant trois semaines environ : avant de le mettre dans les bouteilles, passez-le dans une serviette ou une chausse.

Ratafia de fleurs d'orange.

Mettez dans une cruche trois quarterons de fleurs d'orange, trois chopines d'eau, deux pintes d'eau-de-vie, une livre et demie de sucre; mettez cette cruche dans un chaudron plein d'eau, que vous faites bouillir pendant dix heures; ensuite vous l'ôtez du feu, et le laissez refroidir dans la cruche avant de la passer au clair. Il faut avoir soin, dans toute cette opération, que votre cruche soit bien bouchée.

Ratafia de noix.

Prenez une douzaine de noix bien formées, que vous fendez par la moitié, et que vous mettez dans une cruche avec trois chopines d'eau-de-vie ; bouchez la cruche, et tenez-la dans un endroit frais pendant six semaines ; remuez de temps en temps la cruche ; ensuite mettez une livre de sucre dans une poêle, avec un demi-setier d'eau ; faites bouillir et écumer. Votre eau-de-vie passée dans une serviette, mettez-y le sucre, avec un morceau de canelle et une pincée de coriandre ; laissez encore infuser environ un mois, et tirez ensuite au clair pour le mettre dans des bouteilles, que vous boucherez bien.

Ratafia de noyaux d'abricots.

Mettez dans de l'eau-de-vie des noyaux d'abricots concassés, dont vous aurez eu soin d'extraire les amandes ; laissez infuser le tout deux ou trois mois ; tirez-le à clair, et mettez-y votre sirop. On emploie ordinairement une livre de sucre pour chaque pinte d'eau-de-vie. Ajoutez-y, selon votre goût, de la canelle ou de la muscade, ou du girofle, etc.

Ratafia de coings.

Prenez de bons coings, que vous pilerez après en avoir ôté les pepins et la pelure ; pressez-les bien dans un torchon neuf ; mesurez le jus que vous en tirerez ; mettez deux pintes d'eau-de-vie sur trois pintes de jus, et un quarteron de sucre par pinte, de la canelle, de la coriandre, gingembre et macis, le tout modérément; vous ferez infuser le tout ensemble pendant dix ou douze jours; bouchez bien la cruche où vous avez mis votre ratafia, pour qu'il ne prenne point l'évent; il faut ensuite le passer à la chausse bien clair. Mettez-le dans des bouteilles bien propres et bien bouchées à la cave. Plus il est vieux, meilleur il est.

Ratafia de genièvre.

Pour faire trois pintes de ratafia de genièvre, mettez dans une cruche deux pintes d'eau-de-vie, avec une bonne poignée de genièvre, une livre et demie de sucre, que vous faites bouillir auparavant avec une chopine d'eau, jusqu'à ce qu'il soit bien écumé et clair; bouchez bien la cruche, et tenez-la dans un endroit chaud, environ cinq semaines avant que de le passer à la chausse ou dans une serviette; quand il est bien clair, mettez-le dans des bouteilles, que vous avez soin de bien boucher. Ce ratafia se garde long-temps.

Extrait de genièvre.

Prenez six litrons de genièvre bien propre et bien épluché, avec une grosse racine d'*emula campana*; lavez bien le tout, mettez-le dans une bassine avec un peu d'eau, et faites-le bouillir jusqu'à ce qu'il soit réduit en bouillie; puis passez-le dans un gros linge, en l'exprimant fortement; remettez ensuite ce jus sur le feu, et laissez-le bouillir jusqu'à ce qu'il ait pris une ferme consistance.

Cet extrait, qui est salutaire pour les indigestions, pour les maux d'estomac et pour provoquer l'appétit, est indispensable dans une ferme ou une maison de campagne, où souvent l'on ne peut se procurer de suite les médicamens dont on a besoin.

Kirschen-waser économique.

Concassez des noyaux de cerises et jetez-les, avec les amandes, dans de l'eau-de-vie; laissez-les-y infuser jusqu'au temps où vous y ajouterez des noyaux d'abricots sans amandes; laissez-les encore infuser deux mois, puis vous filtrerez votre préparation. En le distillant, vous le rendrez limpide comme du véritable kirschen-waser de la Forêt-noire.

Recette pour faire le vespetro.

Mettez dans une bouteille de gros verre ou de grès, deux pintes de bonne eau-de-vie, avec deux gros de graines de coriandre, une bonne pincée de fenouil, autant d'anis; ajoutez-y les zestes de deux citrons avec les zestes des écosses, et une livre de sucre; laissez le tout infuser dans la bouteille pendant quatre ou cinq jours, ayant soin de remuer de temps en temps la bouteille pour faire fondre le sucre; passez ensuite la liqueur, pour la rendre plus claire, par le coton ou le papier gris, et mettez-le dans des bouteilles, que vous aurez soin de boucher hermétiquement.

Cette liqueur, dont on ne peut guère se passer dans une ferme et dans une maison de campagne, est bonne pour les douleurs d'estomac, les indigestions, les vomissemens, les coliques, les obstructions, les points de côté, les douleurs de mamelles, les maux de reins, la difficulté d'uriner, la gravelle, l'oppression de rate, le dégoût, les éblouissemens, les rhumatismes, l'asthme. On l'administre avec succès aux petits enfans, pour les vers, en leur en faisant prendre une cuillerée, chaque matin, pendant cinq ou six jours, etc.

Hydromel blanc.

Prenez quatre pintes d'excellent miel et vingt pintes d'eau; mettez ce mélange sur le feu; faites-le bien bouillir pendant une heure, ayant soin de le bien écumer; ensuite ôtez-le du feu, laissez-le refroidir; prenez deux racines de gingembre, un bâton de canelle et deux noix muscade; concassez le tout un peu, et enfermez-le dans un sachet de toile fine, que vous mettez dans la liqueur, et que vous y laissez jusqu'à ce qu'elle soit presque froide; ensuite mettez dans la liqueur une dose suffisante de levure de bière pour la faire fermenter; tenez votre liqueur dans un endroit chaud. Lorsqu'elle a bien fermenté, mettez-la dans un tonneau d'une grandeur convenable. Deux ou trois mois après, tirez-la en bouteilles, que vous boucherez bien avec du liége : alors vous pourrez en faire usage quand bon vous semblera.

Hydromel de noix.

Mettez sept livres de miel pour huit pintes d'eau ; faites bouillir ce mélange pendant trois quarts-d'heure ; prenez vingt-quatre feuilles de noix pour quatre pintes de liqueur; versez votre liqueur bouillante sur ces feuilles, et laissez l'infusion se faire toute la nuit ; ensuite ôtez les feuilles, et mettez dans la liqueur une soucoupe de levure de bière ; laissez fermenter la liqueur pendant deux ou trois jours ; ensuite soutirez-la dans un tonneau : trois mois après, mettez cet hydromel dans des bouteilles.

Hydromel de primevère.

Prenez vingt-quatre livres de miel et quarante pintes d'eau ; faites bouillir ce mélange jusqu'à ce qu'il soit réduit à quatre pintes ; écumez bien, coupez dix citrons en deux, et mettez-les dans les trois quarts de la liqueur bouillante ; versez le reste de la liqueur dans une cuve, avec un demi-boisseau et demi-quart de primevère ; laissez-la toute la nuit en cet état ; ensuite versez par-dessus la liqueur où sont les citrons ; ajoutez-y six grandes cuillerées de bonne levure de bière et une poignée d'églantier ; remuez bien la liqueur et laissez-la fermenter trois ou quatre jours ; ensuite passez-la pour l'éclaircir, et versez-la dans un tonneau : six mois après, mettez-la en bouteilles.

MÉNAGÈRE.

Vin économique.

Prenez trente livres de groseilles rouges et blanches, autant de livres de cassis, autant de petites cerises, queues et noyaux ; mettez le tout dans un tonneau, et le broyez avec un grand bâton ; puis faites bouillir deux litres de genièvre dans cinq à six pintes d'eau ; ajoutez-y une demi-livre ou une livre au plus de miel, afin de faire fermenter le genièvre ; puis mêlez-le, après qu'il aura fermenté, avec le jus des fruits. Quand il a été remué trois ou quatre fois en vingt-quatre heures, on ferme le tonneau et on l'emplit d'eau. Cette seule quantité de fruits donnera cent cinquante bouteilles d'excellente boisson.

Pour lui donner plus de force, mêlez-y une pinte ou deux d'eau-de-vie ; il n'y aura presque point de différence avec le vin ordinaire.

Vin de mûres sauvages.

Cueillez vos mûres en pleine maturité ; mettez-les dans un vase de bois auquel il y ait un robinet ; versez par-dessus autant d'eau bouillante qu'il en faut pour les couvrir. Dès que l'eau est assez refroidie pour que vous puissiez y plonger la main, écrasez bien les mûres ; ensuite couvrez le vase et laissez la fermentation se faire pendant trois jours : tirez alors le jus au clair, dans un vase semblable à celui dans lequel il est, et mettez-y du sucre humecté, dans la proportion d'une livre pour dix pintes de jus; remuez bien, et laissez fermenter pendant huit jours. A cette époque, tirez le vin par le robinet, passez-le à la chausse, et versez-le dans un grand tonneau. Prenez quatre onces de colle de poisson, faites-les tremper, pendant douze heures, dans une chopine de vin blanc; ensuite faites-les bouillir à petit feu, jusqu'à ce que la colle soit dissoute. Prenez alors quatre pintes de votre jus de mûres; mêlez-les avec la colle de poisson; faites-les bouillir un instant ensemble, et versez-les bouillans sur la totalité du jus. Mettez le vin dans un tonneau, bouchez-le bien, jusqu'à ce qu'il ait cessé de travailler. Quand le vin est éclairci, mettez-le en bouteilles; gardez-les dans un cellier frais. Trois mois après, ce vin sera bon à boire.

Piquette économique.

Aussitôt que les fruits rouges commencent à donner, prenez un tonneau fraîchement vidé, mettez-y deux seaux d'eau et un quart de genièvre, afin que votre eau ne se corrompe point dans l'espace de temps nécessaire à recevoir les fruits qui composeront cette boisson. A mesure que vous mangez des cerises, guines, groseilles, jetez, par le bondon de votre tonneau, les noyaux et queues de ces fruits.

Lorsque vous faites vos confitures de groseilles, et que vous en avez exprimé le jus, jetez-en le marc dans le tonneau: ajoutez-y de même les queues et noyaux de vos cerises.

A mesure qu'il tombe des fruits de toute espèce, poires, pommes, prunes, pilez-les un peu dans un vase de bois, et jetez-les de même dans le tonneau. Toutes les rafles du raisin doivent y être mises, ainsi que toutes les pelures et cœurs de poires, et les noyaux provenant des prunes avec lesquelles vous faites des confitures. On peut boire, dès le mois d'août, de cette piquette, quand elle a été commencée de bonne heure.

A mesure que vous ôtez de votre tonneau un pot de cette boisson, vous remettez la même quantité d'eau.

Le temps des vendanges arrivé, videz presqu'entièrement votre tonneau, mettez les rafles du raisin dans votre tonneau et le remplissez d'eau ; puis laissez-le six semaines sans y toucher. Cette boisson peut se garder une année, si elle n'est point exposée à la gelée.

Manière de faire la limonade.

Dépouillez de leur écorce deux oranges amères et six citrons ; faites tremper les écorces dans deux pintes d'eau pendant quatre heures ; prenez le jus de six oranges et de douze citrons, versez-le sur douze onces de sucre, et quand le sucre est fondu, versez l'eau par-dessus ; ajoutez-y un peu d'eau de fleur d'orange ; passez votre limonade à la chausse jusqu'à ce qu'elle soit claire,

MARINADES DE LÉGUMES, DE PLANTES ET DE FRUITS.

Concombres marinés.

Choisissez de petits concombres; qu'ils soient verts et aussi salins que possible; mettez-les dans un mélange d'eau et de bière, jusqu'à ce qu'ils jaunissent; remuez-les deux fois par jour; autrement ils s'amolliraient; ôtez-les de l'eau quand ils sont jaunes, et couvrez-les d'une grande quantité de feuilles de vigne; mettez votre eau sur le feu; quand elle bout, versez-la sur les concombres; renouvelez ce procédé quatre ou cinq fois, jusqu'à ce qu'ils deviennent d'un beau vert; ayez soin de mettre dessus beaucoup de feuilles de vigne, et de couvrir le vase d'un linge et d'un plat, afin d'empêcher l'évaporation et de les faire devenir verts bien plutôt; alors, faites-les égoutter sur un tamis, et préparez la marinade suivante : mettez sur deux pintes de vinaigre de vin blanc une demi-once de macis, douze clous de girofle, une once de gingembre coupé par tranches, une once de poivre noir et une poignée de sel; faites bouillir tout cela ensemble pendant cinq minutes; versez-le bouillant sur vos concombres; après les avoir laissé refroidir, couvrez-les bien avec un parchemin, et faites-en usage quand vous voudrez. Vous pouvez aussi les mariner avec du vinaigre de bière ou du vinaigre distillé, en y ajoutant quatre gousses d'ail ou d'échalottes.

Tranches de concombres marinées.

Prenez quelques gros concombres qui ne soient point trop mûrs; coupez-les en tranches minces; mettez au fond d'un plat étamé une couche de douze tranches de concombres, et par-dessus deux gros oignons coupés en tranches minces; recommencez ainsi jusqu'à ce que le plat soit rempli; mettez une poignée de sel entre chaque couche; couvrez le plat d'un autre plat étamé, et laissez vos concombres vingt-quatre heures en cet état; ensuite mettez-les dans une passoire; et quand ils sont bien égouttés, mettez-les dans un pot de grès; couvrez-les de vinaigre de vin blanc, et laissez-les y quatre heures; ensuite ôtez-les du vinaigre; faites bouillir ce dernier dans une casserole avec un peu de sel; joignez à vos concombres un peu de macis et de poivre en grains, un gros morceau de gingembre coupé par tranches, et versez le vinaigre bouillant par-dessus; couvrez le pot, et vos concombres refroidis, fermez-en bien l'ouverture; trois jours après, ils sont bons à manger.

Noix blanches marinées.

Choisissez les noix les plus grosses, avant que le bois soit formé; pelez-les jusqu'au blanc, et jetez-les à mesure dans de l'eau de source où vous avez mis une poignée de sel ; appliquez dessus une légère planche, afin de les tenir sous l'eau ; laissez-les y six heures, ensuite mettez de l'eau claire dans une casserole, et posez-la sur le feu ; retirez vos noix du bain, et mettez-les dans la casserole ; faites-les frémir pendant cinq minutes ; tenez prête une casserole dans laquelle mettez de l'eau de source avec une poignée de sel blanc ; remuez avec la main jusqu'à ce que le sel soit fondu ; ensuite ôtez vos noix de la première casserole avec une cuiller de bois, et mettez-les dans la casserole où est le mélange de sel et d'eau froide ; laissez-les y un quart-d'heure avec la petite planche par-dessus comme auparavant ; car elles noirciraient, si vous ne les teniez pas sous l'eau ; ensuite faites-les sécher entre deux linges ; essuyez-les avec un linge fin ; mettez-les dans un pot de grès ou dans un bocal avec un peu de macis, de la muscade coupée en tranches minces ; mêlez les épices parmi vos noix, et versez du vinaigre distillé par-dessus ; votre vase rempli, versez sur vos noix de la graisse de mouton fondue, et couvrez avec un parchemin l'orifice du vase, afin que l'air ne puisse y pénétrer.

Noix vertes marinées.

Choisissez vos noix comme dans l'article précédent ; pelez-les très-minces, jetez-les à mesure dans un seau d'eau de source ; mettez dans l'eau une livre de gros sel, et laissez-les y séjourner vingt-quatre heures; en les retirant de ce bain, placez-les par couches dans un pot de grès avec des feuilles de vigne entre chaque couche, sans oublier d'en mettre au fond et par-dessus; remplissez le pot de vinaigre froid, et laissez-y toute la nuit vos noix; ensuite retirez-en le vinaigre, et mettez-le sur le feu dans une casserole avec une livre de gros sel; quand il bout, versez-le sur vos noix; couvrez le pot avec une couverture de laine, et laissez ainsi vos noix une semaine; ensuite jetez le vinaigre dans lequel elles ont séjourné; frottez-les avec de la flanelle; remettez-les dans le pot avec des feuilles de vigne comme auparavant, et faites bouillir d'autre vinaigre; mettez-y, pour quatre pintes, une muscade coupée en tranches, quatre grosses racines de gingembre découpées, deux gros de macis, deux gros clous de girofle, et deux gros de poivre noir; ensuite versez sur vos noix le vinaigre bouillant, et couvrez le pot avec une couverture de laine; laissez le tout séjourner ainsi trois jours, et répétez ce procédé deux ou trois fois; quand elles sont refroidies, mettez-y un demi-setier de graine de moutarde, et un gros raifort coupé en tranches; couvrez le pot avec un parchemin, et ensuite avec un morceau de peau; quinze jours après, vos noix seront bonnes à manger; piquez un gros oignon avec des clous de girofle, et mettez-le au milieu de vos noix; si vous marinez des noix pour conserver, ne faites pas bouillir le vinaigre; dans ce cas, elles ne seront bonnes à manger qu'au bout de six mois ; lorsqu'elles auront séjourné un an dans le pot, vous pourrez faire bouillir le vinaigre ; par ce moyen, elles conserveront leur bonté pendant deux ou trois ans.

Noix noires marinées.

Prenez de grosses noix pleines avant que le bois soit formé ; faites-les séjourner deux jours dans un mélange d'eau et de sel ; ensuite mettez-les pendant deux autres jours dans de l'eau fraîche ; au bout de ce temps, mettez-les dans de la nouvelle eau, et laissez-les-y encore trois jours, au bout desquels retirez-les de l'eau, et les mettez dans un pot de grès ; quand il sera plein à moitié, jetez-y un gros oignon piqué de clous de girofle ; mettez-y aussi, sur un cent de noix, un demi-setier de graines de moutarde, deux gros de macis, une demi-once de poivre noir, une demi-once des quatre épices et un raifort ; ensuite remplissez votre pot avec le reste de vos noix, et versez du vinaigre bouillant par-dessus ; couvrez d'une assiette l'orifice du pot ; et quand vos noix sont refroidies, couvrez-le bien avec un parchemin et un morceau de peau ; deux ou trois mois après, vos noix seront bonnes à manger ; l'année suivante, s'il reste encore des noix, faites de nouveau bouillir le vinaigre, écumez-le, laissez-le refroidir, et versez-le sur les noix.

Oignons marinés.

Pelez de petits oignons ; mettez-les trois jours

dans de l'eau et du sel; changez-les d'eau une fois par jour pendant trois jours; ensuite mettez-les sur le feu dans un mélange d'eau et de lait jusqu'à ce qu'il soit prêt à bouillir; séchez-les; préparez une marinade avec du vinaigre distillé, du sel, du macis, et deux feuilles de laurier; faites-la bouillir; laissez-la refroidir, et versez-la sur vos oignons.

Oignons marinés à l'anglaise.

Faites séjourner pendant neuf jours une certaine quantité de petits oignons dans de l'eau et du sel; changez l'eau tous les jours; ensuite mettez les oignons dans des pots de grès, et versez par-dessus un mélange d'eau et de sel bouillant; couvrez vos pots, et laissez refroidir; faites encore bouillir de l'eau et du sel, et versez-la sur vos oignons; refroidis, faites-les égoutter sur un tamis; ensuite mettez-les dans des bocaux de verre; versez du vinaigre distillé par-dessus; mettez dans chaque bocal une ou deux tranches de gingembre, un morceau de macis, et une grande cuillerée à café d'huile d'olive; surtout bouchez bien les bocaux.

Haricots verts marinés.

Cueillez des haricots d'une grandeur moyenne; versez par-dessus un peu d'eau bouillante, et couvrez-les bien; le lendemain, égouttez et séchez-les; ensuite versez dessus une marinade bouillante faite avec du vinaigre de vin blanc, du poivre noir, un peu de macis et de gingembre; répétez ce procédé deux ou trois jours de suite, jusqu'à ce que vos haricots redeviennent verts; couvrez bien le pot dans lequel vous les gardez.

Chou rouge mariné.

Coupez votre chou par tranches et en travers; mettez-le sur un plat de terre, et saupoudrez-le avec une poignée de sel; couvrez-le d'un autre plat, et laissez-le vingt-quatre heures en cet état; ensuite faites-le égoutter sur une passoire; mettez-le dans un pot de grès; versez assez de vinaigre de vin blanc pour couvrir votre chou; mettez dans ce vinaigre quelques clous de girofle, un peu de macis, des quatre épices et un peu de cochenille bien pilée; faites-le bouillir, et versez-le chaud ou froid sur le chou; si vous le versez chaud, couvrez le pot d'un linge jusqu'à ce qu'il soit refroidi; ensuite bouchez-en bien l'orifice afin que l'air n'y pénètre pas.

Cornichons marinés.

Prenez quatre à cinq cents cornichons plus ou moins, et tenez prête une grande casserole de terre remplie d'eau de source et de sel; mettez le sel dans la proportion de deux livres pour quatre pintes d'eau; mêlez bien, et mettez-y vos cornichons; retirez-les deux heures après; faites-les égoutter; quand ils sont bien secs, mettez-les dans un pot de grès; prenez une marmite de fonte; mettez-y quatre pintes de vinaigre de vin blanc, une demi-once de macis et de clous de girofle, une once des quatre épices, une once de graine de moutarde, un petit raifort coupé en tranches, six feuilles de laurier, un peu d'anis, trois racines de gingembre coupées en tranches, une muscade coupée en morceaux et une poignée de sel; faites bouillir le tout dans une marmite, et versez-le sur les cornichons; couvrez-les bien, et laissez-les vingt-quatre heures dans cet état; ensuite mettez-les dans la marmite; faites-les mijoter sur un feu très-doux jusqu'à ce qu'ils deviennent verts; mettez-les ensuite dans un pot de grès, et couvrez-les légèrement jusqu'à ce qu'ils soient froids; alors bouchez bien l'ouverture du pot avec un parchemin et un morceau de peau, et gardez ce pot dans un lieu sec et frais.

Pêches ou abricots marinés.

Cueillez vos pêches dans leur parfaite croissance, mais non pas dans leur maturité; qu'elles ne soient pas meurtries; couvrez-les d'une quantité d'eau de source suffisante; mettez-y assez de gros sel commun pour que l'eau ait la force de porter un œuf; mettez vos pêches dans ce mélange; posez dessus une petite planche qui les force à se tenir sous l'eau; lorsqu'elles ont séjourné trois jours dans ce mélange, ôtez-les, essuyez-les bien avec un linge fin, et mettez-les dans un pot de grès; prenez autant de vinaigre de vin blanc qu'il en faut pour remplir votre vase, et mettez sur quatre pintes de ce vinaigre une chopine de moutarde, trois têtes d'ail, une bonne dose de gingembre coupé en tranches, une demi-once de clous de girofle, de macis et de noix muscade; mêlez bien cette marinade, et versez-la sur vos pêches; bouchez avec soin l'orifice du vase; au bout de deux mois, vos pêches seront bonnes à manger: on peut, si on veut, les fendre avec un petit canif, pour en retirer le noyau, remplir le vide avec de la graine de moutarde, de l'ail, du raifort et du gingembre; ensuite on peut rejoindre la fente que l'on a faite: les abricots se marinent de la même manière.

Asperges marinées.

Prenez les asperges les plus grosses et les plus belles; coupez-en tout le blanc, et lavez le vert dans de l'eau de source; mettez-les ensuite dans une autre eau bien propre, et laissez-les-y deux ou trois heures; ayez une grande casserole; remplissez-la d'eau de source, et jetez-y une grosse poignée de sel; mettez-la sur le feu; et quand elle bout, mettez-y vos asperges en petite quantité à-la-fois et déliées, afin de n'en pas rompre les pointes; ôtez-les de la casserole avec une écumoire; faites-les refroidir sur un linge; composez une marinade avec une dose de vinaigre de vin blanc proportionnée à la quantité de vos asperges; ajoutez-y une once de sel commun; faites bouillir le vinaigre, et mettez vos asperges dans un pot de grès. Sur quatre pintes de marinade, mettez deux muscades, deux gros de macis, deux gros de poivre blanc en grains, et versez cette marinade chaude sur vos asperges; couvrez le pot avec un linge plié en quatre; laissez-le une semaine en cet état; ensuite faites bouillir la marinade; laissez encore une semaine s'écouler, après laquelle faites de nouveau bouillir la marinade, et la versez bouillante sur les asperges; laissez refroidir, et bouchez le pot avec un parchemin et une peau par-dessus.

Champignons blancs marinés.

Prenez quelques petits champignons; coupez-en les queues; frottez-les avec une flanelle imprégnée de sel; jetez-les dans un mélange d'eau et de lait. Faites-les égoutter; mettez-les dans une casserole avec une poignée de sel; couvrez-les bien, et mettez-les cinq minutes sur un feu très-doux, pour en tirer toute l'humidité; faites-les ensuite sécher sur un gros linge, jusqu'à ce qu'ils soient bien refroidis.

Champignons bruns marinés.

Essuyez vos champignons avec de la flanelle et avec un linge, comme il est dit à l'article précédent; jetez-les dans un mélange d'eau et de lait; laissez-les égoutter sur un linge. Quand ils sont secs, mettez-les dans un pot de grès; faites bouillir une dose de vinaigre de vin blanc suffisante pour les couvrir; mettez dans ce vinaigre les mêmes épices que celles indiquées dans les précédens articles ; versez le vinaigre sur les champignons. Quand ils sont refroidis, bouchez le pot avec un gros bouchon de liége.

Choux-fleurs marinés.

Choisissez les choux-fleurs les plus gros et les plus touffus ; coupez-les en bouquets, mettez-les dans un plat de terre et saupoudrez-les de sel ; laissez-les vingt-quatre heures en cet état, afin d'en extraire toute l'humidité ; mettez-les ensuite dans un pot de grès, et versez par-dessus du sel et de l'eau bouillante ; couvrez bien le pot ; le lendemain, retirez-les et laissez-les égoutter sur un gros linge ; mettez-les dans des bocaux avec une muscade coupée en tranches, et trois morceaux de macis ; versez dans chaque bocal, sur vos choux-fleurs, une quantité suffisante de vinaigre distillé pour les couvrir ; bouchez bien les bocaux, afin que l'air n'y pénètre pas. Un mois après, vos choux-fleurs, ainsi marinés, sont bons à manger.

Betteraves rouges marinées.

Faites-les bouillir jusqu'à ce qu'elles soient tendres, pelez-les, et donnez-leur telle forme qu'il vous plaira ; versez par-dessus une marinade bouillante, faite avec du vinaigre de vin blanc, un peu de poivre, du gingembre, et un raifort coupé en tranches.

Pommes aigres marinées.

Les pommes qu'on marine, doivent être de la grosseur d'une belle noix. Mettez au fond d'une casserole une grande quantité de feuilles de vigne, et vos pommes par-dessus; couvrez-les bien de feuilles de vigne et d'eau, mettez-les sur un feu bien doux, et laissez-les-y jusqu'à ce qu'il vous soit facile de les peler; alors mettez-les sur un tamis de crin, pelez-les avec un canif, remettez-les dans la casserole, avec des feuilles de vigne et de l'eau, comme auparavant; couvrez-les bien, et placez-les sur un feu doux, jusqu'à ce qu'elles prennent une belle couleur verte; faites-les égoutter sur un tamis de crin; refroidies, mettez-les dans du vinaigre distillé. Conservez-les dans des pots de grès bien bouchés.

Epine-vinette marinée.

Cueillez votre épine-vinette avant qu'elle soit trop mûre; détachez-en les feuilles et les tiges mortes; mettez-la dans des pots de grès, avec une forte dose de sel et d'eau : couvrez d'un parchemin l'orifice de vos pots de grès. Quand l'écume s'élève au-dessus de l'épine-vinette, mettez-la dans un nouveau mélange de sel et d'eau. Il ne faut jamais employer de vinaigre dans cette marinade.

Culs d'artichauts marinés.

Faites bouillir des artichauts, jusqu'à ce que vous puissiez en détacher aisément les feuilles ; ensuite enlevez-en le foin et coupez-en les tiges :

ne touchez pas avec le couteau le cul des artichauts; mettez-les dans un mélange d'eau et de sel; retirez-les une heure après, et laissez-les sécher sur un linge; mettez-les dans des bocaux, avec un peu de macis et de muscade coupée en tranches entre chaque cul d'artichaut; remplissez les bocaux avec un mélange d'eau de source et de vinaigre distillé; versez par-dessus de la graisse de mouton fondue, et surtout bouchez bien vos bocaux.

Catchup de noix.

Ayez un demi-boisseau de noix vertes avant que la coquille soit formée; broyez-les dans un mortier de marbre; exprimez-en le jus dans un gros linge; tordez bien le linge, afin d'extraire entièrement le jus; mettez, sur quatre pintes de ce jus, une pinte de vin rouge, un quarteron d'anchois, un quarteron de sel gris, une once de quatre épices, deux onces de poivre long et noir, une demi-once de clous de girofle et de macis, un peu de gingembre et un raifort coupé en tranches. Faites bouillir le tout jusqu'à ce qu'il soit réduit à moitié; ensuite transvasez-le. Votre catchup refroidi, mettez-le dans des bouteilles, que vous boucherez bien avec du liége. Trois mois après vous pouvez vous en servir.

Catchup de champignons.

Cueillez un boisseau de grands chapeaux de champignons; quand ils sont secs, brisez-les avec les mains; mettez-en une couche au fond d'un vase de terre, avec un peu de sel; ensuite une couche de champignons, puis un peu de sel, et ainsi de suite. Mettez aussi une demi-once de clous de girofle et de macis pilés, une demi-once des quatre épices. Laissez vos champignons en cet état pendant cinq ou six jours, et remuez-les tous les jours; ensuite couvrez le vase d'un papier; mettez-le quatre heures dans un four faiblement chaud; après cela, passez le tout à travers un linge, pour en séparer la liqueur: laissez-la reposer; ensuite séparez-la du dépôt. Mettez, sur quatre pintes de cette liqueur, une pinte de vin rouge, un peu de sel, une racine de gingembre, coupée menue, une demi-once de clous de girofle et de macis: faites-la bouillir jusqu'à réduction d'un tiers environ; ensuite passez-la au tamis: le lendemain séparez-la du dépôt, et mettez-la en bouteilles.

~~~~~~~~~~~~~~~~~~~~~~~~~~~~~~~~

DES SIROPS.

La manière de faire les divers sirops, est d'une nécessité indispensable dans une maison bien réglée. Outre l'économie qu'on obtient en les faisant soi-même, on a encore l'avantage de pouvoir les faire à temps, et dans les cas urgens. Nous allons donner ici la recette des plus usuels, et qu'une bonne ménagère ne doit jamais ignorer.

Sirop violat.

Sur un quarteron de violettes épluchées que

vous mettez dans une terrine, versez dessus un demi-setier d'eau bouillante ; mettez quelque chose de propre sur les violettes, pour les tenir enfoncées dans l'eau ; couvrez-les et les mettez sur de la cendre chaude pendant deux heures ; ensuite passez les violettes au travers d'un linge, que vous pressez fort pour en faire sortir l'eau. Cette quantité de violettes doit vous rendre près d'une pinte. Si vous en avez une pinte, mettez deux livres et demie de sucre dans une poêle, avec un demi-setier d'eau ; faites-le bouillir et écumer ; continuez de le faire bouillir jusqu'à ce que, trempant les doigts dans l'eau et les mettant dans le sucre, et les retrempant dans l'eau, le sucre qui tient à vos doigts se casse net ; alors versez-y votre eau de violettes. Ayez grand soin que votre sirop ne bouille pas. Quand ils seront bien incorporés ensemble, mettez le sirop dans une terrine ; couvrez la terrine et la mettez sur une cendre chaude pendant trois jours, que vous entretiendrez d'une chaleur la plus égale que vous pourrez, sans être trop chaude. Vous connaîtrez que le sirop sera fait en mettant deux doigts dedans, et si les retirant de l'un contre l'autre, il se forme un fil qui ne se rompt pas ; vous le mettrez alors dans des bouteilles.

Sirop de cerises.

Prenez deux livres de belles cerises, bien mûres et bien saines ; ôtez-en les queues et les noyaux, et les mettez sur le feu avec un grand verre d'eau ;

faites-les bouillir huit ou dix bouillons, et les passez au tamis; mettez deux livres de sucre sur le feu, avec un verre d'eau; faites-le bouillir et bien écumer; continuez de le faire bouillir jusqu'à ce que, trempant l'écumoire dedans, la secouant sur le sucre, et soufflant après au travers des trous, il en sorte des étincelles de sucre; mettez-y tout de suite le jus de cerises; faites-les bouillir ensemble, jusqu'à ce qu'ils aient pris la consistance d'un sirop fort.

Sirop d'abricots.

Suivant le temps que vous voulez garder les sirops, il faut mettre plus ou moins de sucre. Pour un sirop d'abricots que vous voulez garder d'une saison à l'autre, il faut deux livres de sucre pour une livre de fruits. Pour cet effet, prenez une livre d'abricots bien mûrs; ôtez-en les noyaux: après avoir pelé l'amande, coupez-la par morceaux; coupez aussi les abricots en petits morceaux; mettez deux livres de sucre dans une poêle, avec un verre d'eau, et le faites cuire comme le sirop de cerises; mettez-y les abricots avec les noyaux; faites-les cuire ensemble à moyen feu, jusqu'à ce que, prenant du sirop avec un doigt, que vous touchez contre un autre, il se forme un fil, en les ouvrant, qui se soutienne un peu sans se rompre : alors passez-les dans un tamis.

Sirop de mûres.

Prenez deux cents de belles mûres, bien noires;

mettez-les sur le feu, avec un grand verre d'eau ; faites-leur faire cinq ou six bouillons, jusqu'à ce qu'elles aient rendu tout le jus, et le passez dans un tamis ; laissez-le reposer, et le repassez une seconde fois dans un tamis plus serré ; prenez deux livres de sucre, que vous mettez sur le feu avec un demi-setier d'eau ; faites-le bouillir et écumer ; continuez de le faire bouillir jusqu'à ce que trempant deux doigts dans de l'eau, et les mettant dans le sucre, et les retrempant dans l'eau fraîche, le sucre qui vous reste dans les doigts se casse net ; mettez-y votre eau de mûres ; faites chauffer jusqu'à ce qu'elle soit incorporée avec le sucre ; ayez attention qu'elle ne bouille pas ; mettez-le, après, dans une terrine bien couverte, pour le mettre sur la cendre chaude pendant trois jours, et l'entretenez d'une chaleur égale le plus que vous pourrez, sans être brûlante. Vous connaîtrez qu'il est à son point, lorsqu'en prenant du sirop avec un doigt et l'appuyant contre l'autre, et les ouvrant tous les deux, il se forme un fil qui ne se rompe pas aisément : mettez-le dans des bouteilles, et ne les bouchez que quand il sera tout-à-fait froid.

Sirop de verjus.

Prenez deux livres de sucre ou de cassonade, que vous mettez sur le feu avec un demi-setier d'eau ; faites bouillir et écumer ; continuez de la faire bouillir jusqu'à ce que trempant l'écumoire dans le sucre, la secouant dessus, et soufflant au travers des trous, il en sort du sucre qui s'envole comme des étincelles; mettez-y du verjus, préparé de cette façon : prenez deux livres de verjus bien verd et gros; ôtez-en les grappes et les pilez; exprimez-en le jus, en le passant dans un tamis serré; laissez-le reposer et le tirez au clair; mettez-le dans le sucre, pour les faire bouillir ensemble, jusqu'à ce qu'ils soient réduits en sirop fort, ce que vous connaîtrez quand il se formera un fil dans vos doigts, comme le précédent.

Sirop de coings.

Prenez une douzaine de coings très-mûrs; ôtez-en les cœurs et les peaux; pilez la chair et la mettez dans un gros torchon, pour la tordre à force de bras; par ce moyen vous en tirerez tout le jus : laissez reposer ce jus, et le tirez au clair. Sur un demi-setier, vous prendrez une livre de cassonade, que vous ferez cuire de la même façon que celle de sirop de verjus : quand votre cassonade aura son degré de cuisson, mettez-y le jus de coings, que vous ferez bouillir ensemble, jusqu'à ce que le sirop ait la même consistance que le précédent.

Sirop de guimauve.

Faites cuire une livre de cassonade, de la même façon que celle du sirop de verjus; ensuite mettez-y une eau de guimauve, faite de cette façon : faites cuire, dans une chopine d'eau, trois quarterons de racine de guimauve hachée, après l'avoir ratissée et lavée; laissez-la bouillir jusqu'à ce que l'eau se colle après les doigts; ensuite mettez-la dans un torchon, pour la tordre à force de bras; laissez-la reposer et la tirez au clair; prenez-en le plus clair pour le mettre dans la cassonade, et les faites bouillir ensemble jusqu'à ce qu'ils aient la consistance d'un sirop fort.

Sirop de citron.

Prenez plusieurs citrons; pelez-les, coupez-les en tranches, et mettez-les dans un bol de porcelaine avec du sucre : le lendemain versez la liqueur dans un vase, et clarifiez-la sur un feu doux; ensuite mettez-la en bouteilles, pour vous en servir au besoin.

Sirop de fleurs de pêches.

Faites infuser des fleurs de pêches dans autant d'eau chaude qu'il en faut pour qu'elles y baignent; couvrez-les bien et laissez-les vingt-quatre heures dans cette eau, que vous entretenez à un degré de chaleur modéré; passez ensuite cette eau et mettez-y de nouvelles fleurs; faites-les-y infuser comme les premières; passez de nouveau la liqueur; ensuite mettez-y, pour la troisième fois, de nouvelles fleurs, et renouvelez encore ce même procédé une quatrième fois; ensuite sucrez votre infusion dans la proportion de deux livres de bon sucre pour une livre de liqueur, et placez-la dans un lieu d'une chaleur modérée.

Sirop de pommes.

Prenez un quarteron de pommes de reinette bien saines; coupez-les en tranches les plus minces que vous pourrez, et les faites cuire avec un demi-setier d'eau; quand elles sont en marmelade, mettez-les dans un torchon pour les tordre fort et en exprimer tout le jus; laissez reposer ce jus et le tirez au clair; sur un demi-setier, faites cuire une livre de sucre de la même façon que celui pour le sirop de cerises; quand il est à son point de cuisson, mettez-y votre jus de pommes, et les faites bouillir ensemble jusqu'à ce que, prenant du sirop avec un doigt, et l'appuyant contre l'autre et les ouvrant tous les deux, il se forme un fil qui ne se rompe pas aisément.

Sirop de capillaire.

Prenez une once de feuilles de capillaire, mettez-les dans une chopine d'eau bouillante, et les retirez dans le moment pour les mettre infuser au moins douze heures sur la cendre chaude, et les passez dans un tamis; ensuite mettez-les dans du sucre préparé de cette façon: mettez une livre de sucre dans une poêle avec un bon verre d'eau; faites-le bouillir et écumer; continuez de le faire bouillir jusqu'à ce que, trempant deux doigts dans de l'eau fraîche et ensuite dans le sucre, et les retrempant promptement à l'eau fraîche, le sucre qui reste à vos doigts se casse net; mettez-y votre eau capillaire sans les faire bouillir; vous les ôterez aussitôt qu'ils seront mêlés ensemble pour les mettre dans une terrine que vous couvrez et mettez sur de la cendre chaude, que vous entretiendrez d'une chaleur égale, sans être brûlante, pendant trois jours; vous connaîtrez que le sirop sera fait, lorsqu'en prenant de ce sirop avec un doigt et l'appuyant contre l'autre, les ouvrant tous les deux, il se forme un fil qui ne se rompe pas aisément; vous le mettrez dans des bouteilles, et ne les boucherez que lorsqu'elles seront tout-à-fait froides.

Sirop d'orgeat.

Suivant la quantité que vous voulez faire de sirop, vous vous réglerez sur la dose qui va être marquée; sur une demi-livre d'amandes douces, vous y mettrez deux onces de graines des quatre semences froides, et une demi-once d'amandes amères; mettez les amandes dans de l'eau bouillante, et les retirez du feu; vous les ôterez quand la peau s'ôtera facilement; et à mesure que vous ôtez les peaux, jetez-les dans l'eau fraîche; faites-les égoutter pour les mettre dans un mortier avec les semences froides; pilez le tout ensemble jusqu'à ce qu'elles soient très-fines; et pour empêcher qu'elles ne tournent en huile, vous y mettrez de temps en temps une demi-cuillerée à bouche d'eau; ensuite vous les délayez dans un bon demi-setier d'eau tiède; mettez-les sur de la cendre chaude pour les faire infuser pendant trois heures; passez-les dans une serviette ouvrée, en les bourrant avec une cuiller de bois pour faire sortir toute l'expression des amandes; ensuite prenez une livre de sucre que vous faites cuire comme celui du sirop capillaire, et le finissez de la même façon sur de la cendre chaude.

Sirop de coquelicot.

Prenez une demi-livre de coquelicot que vous mettrez dans une terrine, et versez dessus une chopine d'eau bouillante; laissez-le infuser pendant vingt-quatre heures sur de la cendre chaude; ensuite vous le ferez bouillir dans deux bouillons, et le passerez dans un tamis en le pressant fort pour en faire sortir tout le sucre; mettez une livre de sucre dans une poêle avec un verre d'eau; faites-le bouillir et bien écumer; mettez-y après votre eau de coquelicot, et les faites bouillir ensemble jusqu'à la consistance d'un sirop, que vous connaîtrez en prenant avec le doigt, et l'appuyant contre l'autre, il se forme un fil qui ne se rompe pas aisément.

Sirop de choux rouges.

Coupez et lavez un gros chou rouge; mettez-le dans une marmite avec de l'eau pour le faire cuire trois ou quatre heures, et qu'il ne reste tout au plus qu'une chopine d'eau; passez le chou dans un tamis en le pressant fort pour en faire sortir tout le suc; laissez-le reposer et le tirez au clair; prenez une livre de miel de Narbonne que vous mettez dans une poêle avec un verre d'eau; faites-le bouillir en l'écumant souvent; lorsque le miel sera bien clair, mettez-y votre eau de chou pour les faire bouillir ensemble jusqu'à la consistance du sirop.

DES CONSERVES.

Conservé de violettes.

Prenez une feuille de papier blanc que vous laissez en double, et la pliez tout autour pour lui faire un bord de la hauteur d'un bon pouce, comme si vous vouliez faire une caisse; ayez une livre de sucre que vous mettez dans une poêle avec un verre d'eau; faites bouillir et écumer; continuez de le faire bouillir jusqu'à ce que, trempant l'écumoire dedans, et la secouant d'un revers de main, il s'élève en l'air de longues étincelles qui se tiennent ensemble; vous l'ôtez du feu, et quand il sera à demi-froid, vous y mettrez des violettes préparées de cette façon: prenez deux onces de violettes épluchées que vous pilez très-fin dans un petit mortier; délayez-les bien avec le sucre en les remuant promptement avec une cuiller de bois ou une spatule sans les remettre au feu, et les versez tout de suite dans le moule de papier; quand elles seront presque froides, vous passerez le couteau par-dessus en marquant des façons en carré ou en long, et quand elles seront tout-à-fait froides, vous n'aurez plus qu'à les rompre pour vous en servir.

Conserve de groseilles.

Prenez une livre de groseilles rouges, ôtez-en les grappes et mettez-les sur le feu avec un verre d'eau; faites-les cuire jusqu'à ce qu'elles aient rendu leur eau; passez-les dans un tamis en les pressant fort et qu'il ne reste que les peaux dans le tamis; mettez-y tout ce que vous aurez passé sur le feu et le faites réduire jusqu'à ce que cela vous forme une marmelade épaisse; mettez une livre de sucre dans une poêle avec un verre d'eau; faites bouillir et écumer, continuez de faire bouillir jusqu'à ce que trempant les doigts dans de l'eau, ensuite dans le sucre, et les remuant dans l'eau, le sucre qui reste dans vos doigts se casse net; ôtez-le du feu et y mettez votre marmelade de groseilles; remuez-les ensemble jusqu'à ce qu'il se forme une petite glace dessus; dressez-la dans un moule de papier comme celle des violettes.

Conserve de framboises.

Faites cuire une livre de sucre de la même façon que pour la conserve des groseilles, et mettez-y des framboises préparées de cette façon: écrasez et passez au tamis une livre de framboises avec deux onces de groseilles rouges, le tout épluché, et mettez ensuite ce qui a passé au tamis dans une poêle sur le feu pour le faire dessécher; vous les mettrez après dans le sucre, et finirez votre conserve comme celle de groseilles.

Conserve de cerises.

Faites cuire une livre de sucre de la même façon que pour la conserve des groseilles; prenez une livre de belles cerises, ôtez-en les queues et les noyaux, mettez-les sur le feu pour leur faire rendre leur eau; ensuite vous les passez dans un tamis en les pressant fort pour qu'il ne reste que les peaux dans le tamis; mettez sur le feu tout ce que vous avez passé pour le faire dessécher : finissez votre conserve comme celle des groseilles.

Conserve de fleurs d'orange.

Mettez une livre de sucre dans une poêle avec un grand verre d'eau; faites bouillir et écumer; continuez de faire bouillir jusqu'à ce que, trempant l'écumoire dans le sucre, et la secouant d'un revers de main, il s'envole des étincelles qui se tiennent l'une à l'autre; ensuite vous l'ôtez du feu et y mettez des fleurs d'oranges préparées de cette façon : prenez quatre onces de feuilles de fleurs d'oranges bien blanches; coupez-les de quelques coups de couteau, et les mouillez avec le jus de la moitié d'un citron; mettez-les dans le sucre et les remuez sans être sur le feu, jusqu'à ce que le sucre devienne blanc autour de la poêle; alors vous les versez tout de suite dans le moule de papier comme les précédentes.

Conserve d'abricots.

Faites cuire une livre de sucre de la même façon que celui de la conserve de violettes; quand il est à son point, mettez-y un quarteron pesant de marmelade d'abricots faite de cette façon : Prenez quinze ou dix-huit abricots, suivant leur grosseur, qui ne soient pas tout-à-fait mûrs; ôtez-en les noyaux et les peaux, coupez-les par morceaux et les faites cuire avec un peu d'eau jusqu'à ce qu'ils soient en marmelade bien desséchée et épaisse; mettez-la dans le sucre, et finissez la conserve comme celle de groseilles.

Conserve de pêches.

Elle se fait absolument de la même façon que celle d'abricots.

Conserve de verjus.

Faites cuire une livre de sucre de la même façon que celui de la conserve de violettes; quand il sera à son point de cuisson, vous l'ôtez du feu et le remuez environ deux minutes, et ensuite vous y mettez une marmelade de verjus faite de cette façon : Prenez une livre de verjus mûr; ôtez-en la grappe et le placez sur le feu pour le faire cuire jusqu'à ce qu'il soit en marmelade, et le mettez dans un tamis pour le presser fort jusqu'à ce qu'il ne reste dans le tamis que les peaux et les pepins ; remettez la marmelade sur le feu pour la faire dessécher jusqu'à ce qu'elle soit bien épaisse ; vous la mettez dans le sucre et les remuez bien ensemble jusqu'à ce que le sucre commence à blanchir sur les bords de la poêle ; versez-la tout de suite dans le moule comme celle de violettes.

Conserve de guimauve.

Coupez en très-petits morceaux environ une livre de guimauve, après l'avoir ratissée et lavée ; faites-la cuire dans un pot avec un peu d'eau, jusqu'à ce qu'elle soit en marmelade ; passez-la dans un tamis en la pressant fort ; remettez sur le feu ce que vous avez passé ; remuez toujours jusqu'à ce qu'elle soit bien épaisse ; faites cuire une livre de sucre de la même façon que celui de la conserve de groseilles ; mettez-y de la marmelade, et la remuez jusqu'à ce que le sucre commence à blanchir sur les bords de la poêle ; versez-la dans le moule comme les précédentes.

Conserve de raisins.

Prenez une livre et demie de raisins, ôtez-en les grappes, mettez-les sur le feu pour les faire crever ; ensuite vous les passez dans un tamis jusqu'à ce qu'il ne reste plus que les peaux et les pepins dans le tamis ; mettez tout ce que vous avez passé sur le feu, et les faites dessécher jusqu'à ce que votre marmelade soit bien épaisse ; faites cuire une livre de sucre de la même façon que celui de la conserve de groseilles; quand il est à son point de cuisson, mettez-y la marmelade, et la finissez de même.

Conserve d'oranges.

Mettez une demi-livre ou trois quarterons de sucre dans une poêle avec un demi-verre d'eau; faites-le bouillir sans l'écumer, jusqu'à ce que, trempant l'écumoire dans le sucre et soufflant au travers des trous, il en sorte de grandes étincelles de sucre; ôtez-le du feu; quand il sera à moitié froid, vous aurez tout prêt de l'écorce d'une orange douce rapée très-fin que vous mettrez dedans, et la remuerez avec le sucre jusqu'à ce qu'il commence à s'épaissir; vous verserez la conserve dans le moule.

Conserve de café et de chocolat.

Mettez une livre de sucre dans une poêle avec un verre d'eau; faites bouillir et écumer; continuez de faire bouillir jusqu'à ce que, trempant l'écumoire dans le sucre, et soufflant au travers des trous, il en sorte de petites étincelles de sucre; ôtez-le du feu et le laissez un peu refroidir; mettez-y une once de café moulu et les remuez ensemble; quand ils seront bien mêlés, vous verserez votre conserve dans le moule. *La conserve de chocolat* se fait de même, à cette différence qu'il ne faut qu'une demi-once de chocolat rapé très-fin pour une livre de sucre.

Cerises confites à l'eau-de-vie.

Prenez de belles cerises, rognez les queues, mettez-les dans un vase et jetez dessus de l'eau bouillante ; puis faites-les égoutter ; quand elles sont sèches, mettez-les dans de la bonne eau-de-vie, avec un sirop composé d'autant de trois quarterons de sucre ou de cassonade, ou de miel clarifié, que vous aurez de pintes d'eau-de-vie.

Mettez vos cerises ainsi préparées, non au soleil, mais à l'ombre, et dans un endroit sec ; ajoutez aussi dans votre bocal de la canelle et un peu de girofle.

Abricots confits.

Il faut que les abricots n'aient point acquis toute leur maturité ; couvrez-les, de même que les cerises, d'eau bouillante ; égouttez-les et faites-les bien sécher ; puis mettez-les dans l'eau-de-vie avec du sirop, comme les cerises.

Pêches confites.

Elles se font de la même manière que les abricots, à l'exception qu'étant beaucoup plus susceptibles de se fendre, il faut prendre la plus grande précaution pour les retirer de l'eau bouillante, afin qu'elles restent entières, et que la peau ne soit nullement écorchée.

Raisins secs.

Prenez de beaux raisins, des muscats si vous

pouvez en avoir; mettez-les au four sur des claies, ayant grand soin de les retourner souvent; lorsque vos raisins sont bien secs, mettez-les dans une boîte de sapin, hermétiquement fermée; saupoudrez-les légèrement avec de la cassonade, et couvrez votre boîte avec du laurier-sauce, ce qui les conserve plus long-temps.

Prunes de Damas au sec.

Faites un léger sirop; faites-le bouillir, écumez-le bien, ensuite mettez-y les plus belles prunes de Damas; dépouillez-les de leurs noyaux; faites-les bouillir un instant, et laissez-les séjourner dans le sirop jusqu'au lendemain; ensuite faites un bon sirop avec du sucre raffiné, et seulement autant d'eau qu'il en faut pour l'humecter; faites-le bouillir jusqu'à ce qu'il soit candi; ensuite retirez vos prunes du premier sirop, et mettez-les dans celui-ci; faites-les mijoter, ôtez-les du feu, et laissez-les jusqu'au lendemain dans ce sirop; mettez-les ensuite une à une sur un tamis; faites-les sécher dans une étuve, ou dans un four presque froid; retournez-les deux fois par jour; quand elles sont sèches, enfermez-les dans des boîtes avec du papier entre chaque couche, et mettez la boîte dans un lieu sec et frais.

Pêches au sec.

Pelez les pêches les plus belles et les plus mûres, mettez-les dans de l'eau claire; prenez une quantité de sucre raffiné égale à leur poids; faites avec la moitié de ce sucre un léger sirop; mettez vos pêches dans ce sirop, et faites-les bouillir jusqu'à ce qu'elles soient transparentes; ensuite fendez-les, ôtez-en les noyaux, faites-les bouillir jusqu'à ce qu'elles soient tendres; égouttez-les sur un tamis; faites bouillir l'autre moitié de sucre jusqu'à ce qu'il soit presque candi; mettez-y vos pêches, et laissez-les-y séjourner toute la nuit; ensuite mettez-les dans un bocal, et placez ce bocal dans une étuve jusqu'à ce que vos pêches soient sèches; enfermez-les dans des boîtes avec du papier entre chaque lit.

Abricots au sec.

Pelez des abricots bien mûrs; ôtez-en les noyaux; mettez-les dans une poêle à confiture avec une livre de sucre pour chaque livre d'abricots; parsemez un peu de ce sucre entre vos abricots, et mettez le reste par-dessus; laissez-les-y séjourner vingt-quatre heures, et retournez-les trois ou quatre fois dans le sirop; ensuite faites-les bouillir vivement jusqu'à ce qu'ils soient transparens; ôtez-les du feu sans les ôter du sirop; refroidis, mettez-les sur un verre plane, et faites-les sécher dans une étuve, ou dans un four presque froid, en les retournant souvent; quand ils sont très-secs, enfermez-les dans des boîtes comme il est dit plus haut.

Prunes au sec.

Ayez de grosses prunes bien colorées; pesez-les, fendez-les, et mettez-les dans une grande casserole, que vous remplissez d'eau de source ; mettez la casserole sur un feu doux, et prenez garde que la peau des prunes ne s'enlève ; quand elles sont cuites, ôtez-les du feu, et joignez une livre de sucre râpé pour chaque livre de prunes ; mettez un peu de ce sucre au fond d'un grand bol, ensuite placez-y vos prunes une à une, et jetez le reste du sucre par-dessus ; laissez-les toute la nuit dans une étuve ; le lendemain, échauffez-les à un feu modéré, et remettez-les dans l'étuve, où vous les laissez deux jours, en les retournant chaque jour ; retirez-les ensuite du sirop ; faites-les sécher, et arrangez-les dans des boîtes comme ci-dessus.

Poires séchées à la façon de Rheims.

Prenez telle quantité de poires de rousselet ou de doyenné que vous jugez convenable ; pelez-les du haut en bas, ramassez la queue, et coupez-en le petit bout ; jetez-les à mesure dans l'eau fraîche ; ensuite faites-les bouillir jusqu'à ce qu'elles fléchissent sous les doigts ; retirez-les à mesure avec l'écumoire pour les jeter dans l'eau fraîche ; quand elles sont égouttées, sur un demi-cent de poires, mettez une livre de sucre dans deux pintes d'eau ; votre sucre fondu, mettez-y les poires que vous y laisserez deux heures ; dressez-les ensuite sur des clayons, la queue en haut, pour les laisser passer la nuit dans un four d'une chaleur douce ; le lendemain, retrempez les poires dans le sucre, et les remettez de la même façon dans le four; ce que vous continuez pendant quatre jours, et la dernière fois, ne les retirez que quand elles sont tout-à-fait sèches : on peut les conserver alors dans un endroit sec autant de temps que l'on voudra.

Pommes tapées.

Pelez des pommes très-saines, reinettes ou autres; avec une spatule creuse, extirpez-en le cœur; mettez-les ensuite sur des claies, assez distantes les unes des autres, pour qu'elles ne se touchent pas; mettez vos claies au four; le lendemain, les pommes sont assez séchées pour que vous puissiez les taper avec une batte de bois; remettez-les sur les claies; faites chauffer le four modérément; puis remettez-y vos pommes jusqu'au lendemain; recommencez-les à les taper; remettez-les de nouveau au four, jusqu'à ce qu'elles aient acquis le degré de sécheresse nécessaire; puis mettez-les dans des boîtes, dans un endroit très-sec.

Poires tapées.

Employez des poires, appelées *Martin sec*, et *Rousselet d'automne*, pour faire des poires tapées; pelez-les sans ôter le cœur comme à la pomme; ayez surtout le soin de leur laisser la queue; préparez-les ensuite de la même manière que les pommes tapées.

Vinaigre printannier.

Coupez au printemps quelques petites herbes, comme cresson, estragon, pimprenelle, cerfeuil; faites sécher ces herbes au soleil; quand elles sont sèches, mettez-les dans une cruche d'environ six pintes, avec dix gousses d'ail, autant d'échalottes, six oignons, une poignée de graines de moutarde, vingt clous de girofle, un demi-gros de macis, un gros de poivre long, un citron coupé en tranches avec son écorce; emplissez la cruche de vinaigre; après l'avoir bien bouchée, exposez-la pendant dix jours à l'ardeur du soleil; passez votre vinaigre dans une chausse pour le tirer au clair; mettez-le dans des bouteilles que vous aurez soin de bien boucher; après quoi servez-vous-en au besoin.

Recette pour faire du vinaigre rouge.

Suivant la quantité de vinaigre que vous voulez faire, prenez un vaisseau plus ou moins grand: pour en faire vingt pintes, ayez un baril de cette grandeur, qui soit neuf; ensuite prenez une pinte du plus fort vinaigre, que vous faites bouillir, et le mettez tout bouillant dans le baril, que vous bouchez bien avec le bondon, et le roulez en l'agitant, jusqu'à ce qu'il soit tout-à-fait froid; six heures après, ôtez ce vinaigre et mettez ce baril en place dans un endroit chaud; après l'avoir bondonné, faites un trou dans le haut du baril, au-dessus du jable, assez grand pour mettre un grand entonnoir; faites-y entrer, par l'entonnoir, deux pintes de bon vinaigre; huit jours après, ajoutez-y une pinte de vin; de huit jours en huit jours, ajoutez-y une pinte de vin, jusqu'à ce que le baril soit à moitié plein; alors vous en pouvez mettre davantage : il faut faire attention que le vinaigre soit toujours de la même force que le premier que vous y avez mis. Votre baril étant plein, et le vinaigre dans sa bonté, retirez-en les deux tiers, que vous mettrez dans un autre vaisseau; ensuite vous remettrez du vin peu-à-peu dans le baril, comme il est dit ci-dessus; par ce moyen vous aurez toujours du vinaigre.

Recette pour faire du vinaigre blanc.

Mettez dix pintes de vinaigre rouge sur le feu, et faites-le bouillir jusqu'à ce qu'il soit réduit à huit; faites-le distiller ensuite dans un alambic; mettez-en plus ou moins, suivant la quantité que vous voulez en faire.

Vinaigre à l'estragon.

Prenez deux poignées d'estragon, que vous épluchez, sans y laisser aucune branche; puis mettez-le, aussi frais que vous le pouvez, dans du vinaigre blanc, avec une demi-poignée de sel gris; laissez-le infuser pendant un mois. Après ce temps, vous pouvez vous en servir dans la salade, et l'employer dans les sauces piquantes.

Vinaigre rosat.

Faites sécher deux jours, au soleil, une once

de roses muscades, que vous mettez dans une pinte de vinaigre; exposez les roses et le vinaigre au soleil pendant quinze jours, dans une bouteille bien bouchée; après quoi vous pourrez vous en servir quand bon vous semblera.

Le vinaigre de sureau, d'œillet, se fait de même; pour celui de fleur d'orange, on met la feuille sans être séchée : le vinaigre à l'ail se fait avec quatre pintes de vinaigre blanc pour une once d'ail, douze clous de girofle, et une muscade coupée par morceaux.

Oignons confits au vinaigre.

Epluchez de très-petits oignons, ayant soin de couper un peu de près ce qu'on appelle improprement la tête; jetez-les à mesure dans le vinaigre, jusqu'à ce que votre vase soit plein; puis couvrez-les avec de l'estragon et de la passe-pierre; après les avoir salés, fermez hermétiquement votre pot, et laissez-les confire quelque temps, au bout duquel vous vous en servez au besoin.

RECETTES DIVERSES.

Pâte sèche, propre à être mangée en soupe ou en macaroni.

Prenez cinq à six livres de fleur de farine, avec laquelle mettez une livre de sel blanc ou du sel gris, bien sec et bien égrugé; délayez votre farine avec de l'eau, jusqu'à ce qu'elle soit assez mouillée pour pouvoir la pétrir. Quand vous l'avez bien tournée, prenez un rouleau à pâtisserie, roulez-la aussi mince que vous le pouvez, et mettez-la en feuilles que vous laissez sécher, mais pas assez pour qu'elles se cassent; ensuite coupez-la en forme de lasagne ou macaroni plat. Si vous voulez qu'elle imite parfaitement les pâtes d'Italie, ayez de petits moules, et lui donnez la forme que vous voudrez. Avec les rognures, faites de petites boules alongées et très-petites, pour qu'elles imitent le riz. Serrez ces pâtes dans des boîtes, et les mettez dans un endroit sec; vous pourrez les manger en soupe ou en macaroni. Au mois de septembre, faites de petits fromages de lait écrémé, dans lesquels vous mettez plus de pressure que dans ceux que vous destinez à être mangés au dessert; faites-les bien égoutter; salez-les à plusieurs reprises, et encore frais, afin que le sel facilite l'écoulement du petit lait. Quand ils sont bien égouttés, mettez-les dans un endroit sec; et lorsque vous voudrez manger des pâtes en macaroni, rapez de ce fromage dessus.

Manière de faire la fécule de pommes de terre.

Prenez des pommes de terre que vous lavez bien; puis rapez vos pommes de terre au-dessus d'un vase plein d'eau, afin qu'elles tombent dedans. Quand vous en avez une assez grande quantité, jetez l'eau et mettez sécher votre fécule. Quand elle est bien sèche, roulez-la sur du papier, jusqu'à ce qu'elle soit en poudre, et la passez dans des tamis; puis serrez-la dans un endroit sec.

Nouvelle manière de faire les cornichons.

Choisissez des cornichons bien verts, et surtout de vrais cornichons.

Ayez soin de mettre votre vinaigre dans un pot de grès, et à mesure que vous essuyez fortement vos cornichons avec un linge neuf, jetez-les dans le vinaigre; vos cornichons mis dans le vinaigre, ajoutez-y de la passe-pierre, de l'estragon, de la pimprenelle, des petits oignons, six gousses de piment ou poivre long, pour un pot de six pintes de vinaigre, soixante graines de capucines, et quelques feuilles de roses; salez ensuite les cornichons assez pour que tous les ingrédiens puissent participer à la salaison; fermez votre pot hermétiquement : ils se gardent deux ans aussi frais que si l'on venait de les faire.

Manière de clarifier le miel.

Pour une livre de miel, mettez une chopine d'eau; il faut le clarifier à petit feu, afin que toute la partie aqueuse se détache peu-à-peu de la partie sucrée; à mesure qu'il bout, ayez soin de l'écumer, et s'il bout trop fort, jetez-y la valeur d'une cuillerée d'eau de temps en temps, évitant surtout d'en mettre trop souvent. Quand il est tout-à-fait écumé, ayez soin d'avoir un charbon bien rouge; jetez-le dans votre miel, en y ajoutant une mie de pain bien grillée, plutôt brûlée que pas assez rôtie; laissez le charbon et la mie de pain brûlée l'espace de quatre à cinq minutes, et retirez-les avec une écumoire, évitant d'y laisser la moindre parcelle de charbon ou de pain; laissez encore bouillir votre miel jusqu'à ce qu'il tienne aux doigts. Ceux qui veulent un degré de plus de perfection, le filtrent à travers un papier gris, avant qu'il ait acquis sa dernière cuisson, et le remettent ensuite sur le feu.

Manière de conserver les pommes vertes toute l'année.

Cueillez vos pommes quand elles sont environ de la grosseur d'une noix, cueillez-les avec leur tige et une ou deux feuilles; mettez dans une poêle de l'eau de source et quelques feuilles de vigne; couvrez ces feuilles d'un lit de pommes, et par-dessus mettez des feuilles de vigne que vous couvrez de pommes, et ainsi de suite, jusqu'à ce que la poêle soit pleine; mettez-les sur un feu doux, et couvrez-la bien pour empêcher l'évaporation; dès que les pommes s'attendrissent, enlevez-en la peau avec un canif; ensuite remettez-les dans la même eau avec les feuilles de vigne: ayez soin que l'eau soit refroidie, autrement elle pourrait crever vos pommes; ajoutez-y un peu d'alun de rocher et mettez le tout sur un feu doux jusqu'à ce que vos pommes soient vertes, couleur qu'elles prennent en trois ou quatre heures; ôtez-les ensuite de l'eau; mettez-les égoutter sur un tamis; faites un bon sirop, dans lequel vous faites bouillir légèrement vos pommes une fois chaque jour pendant trois jours; mettez-les ensuite dans de petits pots, et couvrez-les bien avec un papier imbibé d'eau-de-vie.

Manière de préparer les pommes de reinette pour leur donner le goût d'ananas.

Choisissez des pommes de reinette blanche, bien belles, bien saines; essuyez-les bien avec un linge fin.

Ayez des boîtes de sapin, dans lesquelles vous mettez un lit de fleurs de sureau bien séchées à l'ombre, pour qu'elles conservent toute leur odeur; puis un lit de pommes, un lit de fleurs, jusqu'à ce que votre boîte soit pleine; ayez bien soin de remplir de fleurs tous les vides occasionnés par la forme ronde des pommes, et de prendre garde qu'elles ne se touchent; fermez ensuite votre boîte, et collez du papier sur tous les joints, pour que l'air n'y pénètre par aucun endroit : ces pommes ont le goût d'ananas; elles se conservent jusqu'aux mois de juillet et août, aussi fraîches et aussi bonnes qu'au mois de janvier.

MÉMOIRES
DE COMPTABILITÉ DOMESTIQUE.

Comme la plupart de ces mémoires fourmillent de fautes, et sont presque toujours mal orthographiés, nous croyons devoir donner ici une petite nomenclature de tous les mots qui entrent dans le ressort de la comptabilité domestique, en présentant les mémoires des diverses fournitures faites à un ménage.

MÉMOIRE DU BOUCHER.

Fourni à M. N..., par M..., boucher.
1er. *janvier* 1815.

5 ½ de tranche de bœuf, à 70 c. ou 14 s.	3 fr. 85 c.
4 ¼ gigot de mouton, à 75 c. ou 15 s.	3 18
4 ris de veau, à 1 fr.	4 »
1 tête de veau.	5 »
3 ½ quasi de veau, à 80 c. ou 16 s. .	2 80
4 ½ aloyau, à 80 c. ou 16 s. . . .	3 70

15 *dito.*

3 de bœuf, à 70 c. ou 14 s. . . .	2 10
1 foie de veau.	5 »
3 ½ de cotelettes de mouton, à 65 c. ou 13 s.	2 27
	31 fr. 90 c.

MÉNAGERE.

	fr.	c.
Montant de l'autre part.	31	90

22 dito.

	fr.	c.
2 de cotelettes de veau, à 70 c. ou 14 s.	1	40
3 ½ de rognon de veau, à 75 c. ou 15 s.	2	62
4 d'épaule de mouton, à 50 c. ou 10 s.	2	»
3 ½ de bœuf, à 70 c. ou 14 s. . .	2	62
2 de rouelle de veau, à 75 c. ou 15 s.	1	50
2 de poitrine de mouton, à 50 c. ou 10 s.	1	»
2 de poitrine de veau, à 60 c. ou 12 s.	1	20

44 fr. 24 c.

MÉMOIRE DE LA FRUITIÈRE.

8 mars 1816.

	fr.	c.
1 botte d'oignons.	»	20
1 botte de navets.	»	25
1 botte de carottes.	»	25
1 poignée de persil.	»	5
1 poignée de cerfeuil. . . .	»	5
Des épinards.	»	40
1 livre d'épinards cuits. . . .	»	60
1 livre de raisin.	»	75
1 quarteron de noix.	»	30
4 pieds de romaines.	»	20
3 pieds de chicorée.	»	10
1 botte de panais.	»	30

3 fr. 45 c.

LA BONNE

Montant de l'autre part.   3 fr. 45 c.

½ de potiron.	»	75
1 botte d'ail.	»	15
1 litre d'échalottes.	»	50
Oseille	»	30
Ciboules, thym et laurier.	»	15
Poireaux.	»	10
1 quarteron de pommes de reinette.	1	20
1 livre de groseilles.	»	30
6 poires de doyenné.	»	80
6 poires de crassane.	1	20
6 poires de Saint-Germain.	1	30
6 poires de beurré.	1	50
½ quarteron de poires de messire-jean.	»	70
1 quarteron de prunes de mirabelle.	»	20
1 quarteron de prunes de monsieur.	»	30
2 quarterons de reine-claude.	1	50

                          14 fr. 40 c.

MÉMOIRE DU CHARCUTIER.

6 saucisses, à 10 c. ou 2 s.	» fr.	60 c.
1 livre de jambon.	1	20
1 cervelas.	»	15
½ livre de fromage d'Italie.	»	45
½ livre de sain-doux.	»	60
3 bouts de boudin, à 30 c.	»	90
1 hure de cochon farcie.	15	»

                          18 fr. 90 c.

MÉNAGÈRE.

Montant de l'autre part. 18 fr. 90 c.

1 livre ½ de grillades, à 1 fr. 20 c. ou 24 s.	1	80
1 andouille.	1	»
2 livres ½ de graisse de cochon, à 90 c. ou 18 s.	2	25

23 fr. 95 c.

MÉMOIRE DE LA BLANCHISSEUSE.

4 chemises d'homme, à 25 c. ou 5 s.	1 fr.	» c.
3 chemises de femme, à 20 c. ou 4 s.	»	60
2 paires de draps, à 75 c. ou 15 s. .	1	50
3 paires de bas, à 10 c. ou 2 s. . .	»	30
10 mouchoirs de poche, à 5 c. ou 1 s.	»	50
2 robes de mousseline, à 75 c. ou 15 s.	1	50
6 serviettes à liteau, à 10 c. ou 2 s. .	»	60
4 nappes, à 20 c. ou 4 s.	»	80
1 peignoir.	»	25
6 serviettes ouvrées, à 10 c. ou 2 s.	»	60
2 serre-têtes, à 5 c. ou 1 s. . . .	»	10
2 gilets, à 25 c. ou 5 s.	»	50
1 gilet de laine.	»	50
3 caleçons, à 20 c. ou 4 s. . . .	»	60
2 culottes de nankin, à 50 c. ou 10 s.	1	»
5 bonnets de nuit de coton, à 10 c. ou 2 s.	»	50
3 cravates blanches, à 10 c. ou 2 s. .	»	30
2 jupons blancs piqués, à 30 c. ou 6 s.	»	60

11 fr. 75 c.

LA BONNE

Montant de l'autre part. 11 fr. 75 c.

2 camisoles, à 25 c. ou 5 s.	»	50
3 paires de rideaux, à 60 c. ou 12 s. la paire.	1	80
4 colerettes de mousseline, à 30 c. ou 6 s.	1	20
8 tabliers de cuisine, à 10 c. ou 2 s.	»	80
1 paire de guêtres blanches. . . .	»	30
1 paquet de torchons.	»	15
2 taies d'oreiller.	»	25
	16 fr.	75 c.

MÉMOIRE DE L'ÉPICIER.

Poivre.	» fr.	15 c.
3 livres de sel, à 30 c. ou 6 s. . .	»	90
2 livres ½ de sucre, à 2 fr. 50 c. ou 2 liv. 10 s.	6	25
Quatre épices.	»	60
1 livre d'huile d'olives.	2	40
½ d'huile à quinquet.	»	45
1 livre ¼ de savon, à 1 fr. 20 c. ou 1 liv. 4 s.	1	50
1 livre de chandelles.	»	85
Eau de javelle.	»	20
Cornichons.	»	30
Alun.	»	35
1 livre de pruneaux	»	75
1 livre de raisins secs.	»	75
	15 fr.	35 c.

MÉNAGÈRE.

Montant de l'autre part.   15 fr. 45 c.

½ livre de figues, à 60 c.	»	30
1 livre d'avelines.	»	60
1 livre de quatre mendians. . . .	»	80
Clous de girofle.	»	20
Muscades.	»	60
Câpres	»	30
Anchois.	»	70
1 quarteron de miel.	»	50
Potasse.	»	30
1 baton de sucre d'orge.	»	5
½ livre de raisiné, à 70 c. ou 14 s.	»	35
1 livre de dragées blanches. . . .	2	50
1 livre de pralines.	3	50
½ livre de soude, à 2 fr. 10 c. ou 1 liv. 2 s.	1	5
1 livre de beurre salé.	1	20
¼ de riz, à 1 fr. 20 c. ou 1 livre 4 s.	»	30
½ livre de vermicelle, à 50 c. ou 10 s.	»	25
3 livres de cassonade, à 1 fr. 50 c. ou 1 liv 10 s.	4	50
Olives.	1	50
Sardines.	»	50
½ livre de chocolat.	2	50
Colle.	»	10
½ livre de cerises sèches. . . .	»	40

39 fr. 45 c.

MÉMOIRE DU MARCHAND DE VIN.

1 litre de vin rouge ordinaire, à 90 c. ou 18 s.	» fr.	90 c.
½ — blanc, à 80 c. ou 16 s. . . .	»	40
1 bouteille de Bourgogne.	1	20
1 — de Mâcon.	1	50
1 — de Beaune.	2	»
1 — de Champagne mousseux.	3	50
1 — de Champagne rosé. . . .	3	»
1 — de Chablis.	2	»
1 — de Nuits.	2	»
1 — du clos Vougeot.	4	»
1 — d'Andresy.	2	»
1 — de Pouilly.	2	»
1 — de Pomar.	2	50
1 — de Bordeaux.	2	50
1 — de Saint-Emilion. . . .	3	»
1 — de Frontignan.	4	»
1 — d'Arbois.	2	50
1 — de Lunel.	2	50
1 — de Malaga.	5	»
1 — d'Alicante.	6	»
1 — de muscat.	4	»
1 — de Côte-Rôtie.	6	»
1 — de Madère sec.	6	»
1 — du Cap.	8	»
1 — de Jérusalem.	15	»
1 — de lacryma Christi. . . .	12	»
½ — de Tokay.	12	»
	115 fr.	50 c.

MÉNAGÈRE.

MÉMOIRE D'UNE CUISINIÈRE.

3 livres de bœuf, à 70 c. ou 14 s.	2 fr.	10 c.
2 riz de veau, à 1 fr.	2	»
1 poulet.	2	»
1 canard.	2	50
1 paire de pigeons bisets.	»	90
2 perdrix.	3	50
1 oreille de cochon.	»	75
Champignons.	»	50
Échalottes.	»	20
Ail.	»	15
Épinards.	»	40
Oseille.	»	20
2 bottes d'oignons, à 20 c. ou 4 s.	»	40
1 morceau de potiron.	»	45
Canelle.	»	50
2 boisseaux de pommes de terre.	2	»
3 pieds de romaine.	»	15
3 têtes de laitue.	»	10
6 têtes de chicorée.	»	30
Persil.	»	5
Ciboules.	»	5
½ quarteron de poivre.	»	20
1 paquet de chandelles.	5	75
1 livre de cassonade.	1	50
1 livre ½ de lard, à 1 fr.	1	50
1 livre de sain-doux.	1	»
Cerfeuil.	»	15
3 boisseaux de charbon.	1	80
	31 fr.	10 c.

Montant de l'autre part. 31 fr. 10 c.

1 botte d'asperges.	2 »
1 litre de petits pois.	» 75
1 boisseau de haricots de Soissons.	4 »
1 dinde.	4 50
1 oie.	2 30
1 maquereau.	» 75
4 merlans, à 20 c. ou 4 s.	» 80
1 morceau de saumon.	» 90
6 harengs.	» 60
1 morceau de raie.	» 90
1 *idem* de morue.	» 95
Des rougets.	1 25
1 morceau d'anguille de mer.	» 75

51 fr. 55 c.

FIN DE LA BONNE MÉNAGÈRE.

LA CUISINIÈRE ÉCONOMIQUE,

INDIQUANT L'ART DE CONNAÎTRE LES DIVERSES QUALITÉS DE POMMES DE TERRE, LA MANIÈRE DE LES CONSERVER, ET DE LES ACCOMMODER DE TRENTE-SIX FAÇONS DIFFÉRENTES AVEC LA PLUS STRICTE ÉCONOMIE.

De la Pomme de terre.

La Pomme de terre est une espèce de *solanum*, dont la racine est tubéreuse, oblongue, inégale, plus ou moins grosse, couverte d'une écorce brune ou rouge, ou noirâtre, blanche en-dedans et bonne à manger. Elle nous vient primitivement de l'Amérique septentrionale.

On en distingue onze espèces, jardinières ou variétés bien caractérisées, lesquelles sont:

1°. La pomme de terre, *grosse, blanche, tachée de rouge*. Dans quelques cantons où on en nourrit le bétail, elle est appelée *Pomme de terre à vache*.

2°. La *blanche longue,* d'une excellente qualité; elle est encore connue sous le nom de *blanche irlandaise*, parce que les Irlandais cultivent particulièrement cette variété.

3°. La *rouge longue,* dont la forme est assez communément celle d'un rognon; sa qualité est assez bonne.

4°. La *violette*. Cette espèce, un peu hâtive, est une des meilleures.

5°. La *rouge souris*, à laquelle on donne aussi le nom de *corne de vache*. Elle est un peu précoce et d'une très-belle qualité.

6°. La *blanche ronde, aplatie*. Elle vient de New-Yorck, et est très-délicate à manger.

7°. La *rouge oblongue*, originaire de l'Isle longue, est généralement d'un goût excellent.

8°. *Pelure d'oignon*, d'une assez bonne qualité.

9°. La *longue, rouge en-dehors et en-dedans*, est extrêmement féconde et fort vigoureuse; sa qualité ne vaut pas celle des rouges longues et rondes dont nous venons de parler.

10°. La *rouge ronde* ressemble parfaitement à la rouge oblongue; elle est seulement un peu plus précoce.

11°. La *petite blanche*, connue aussi sous le nom de *petite chinoise*, est fort bonne à manger.

Quoique les variétés des pommes de terre ci-dessus mentionnées, puissent servir indifféremment à tous les usages, il s'en trouve cependant dans le nombre qui doivent les faire rechercher de préférence pour les différens emplois. La ronde jaunâtre de New-Yorck, la blanche longue, la ronde et la longue rouge, ayant la chair plus délicate, doivent être destinées pour la table.

De la conservation des Pommes de terre.

Avant de déposer les pommes de terre dans l'endroit où elles doivent rester en réserve, il est nécessaire de les laisser un peu se ressuer au soleil ou sur l'air d'une grange, après les avoir mondées de toutes les racines chevelues et fibreuses qui les réunissaient ensemble.

Il faut faire le triage des grosses d'avec les petites, mettre les premières en réserve pour la plantation et les autres pour la nourriture.

Il convient encore de séparer celles qui sont gâtées; une seule d'entre elles suffirait pour endommager toutes les autres.

Voici les différentes pratiques de conservation adoptées assez généralement.

1re. *Pratique.* On peut conserver les pommes de terre, comme les autres racines potagères, en les mettant dans un lieu sec et frais avec de de la paille, lit sur lit; mais la cave ou le grenier dont on se sert pour cet objet, laissant pénétrer le chaud et le froid, il arrive souvent que la provision, gelée ou germée, ne peut plus servir à la nourriture, si on la perd un moment de vue.

2e. *Pratique.* On les conserve dans des tonneaux avec des feuilles séchées; on porte ensuite ces tonneaux bien remplis dans des endroits inaccessibles au chaud et au froid.

3e. *Pratique.* Dans le terrain le plus élevé, le plus sec, le plus voisin de la maison, on creuse une fosse d'une profondeur et largeur relatives à la quantité de pommes de terre que l'on veut conserver : on garnit le fond et les parois de paille courte ; les Pommes de terre une fois déposées, sont recouvertes ensuite d'un autre lit de paille, et on fait au-dessus une meule en forme de cône ou de talus ; on a soin que la fosse soit moins profonde du côté par où l'on tire la pomme de terre, pour la consommation, en observant de bien fermer l'entrée chaque fois qu'on en ôte.

4e. *Pratique.* Après quelques bouillons dans l'eau, les pommes de terre étant pelées, divisées par tranches, et exposées au-dessus d'un four de boulanger, elles perdent en moins de vingt-quatre heures, les trois quarts de leur poids, acquièrent la transparence et la dureté d'une corne ; alors elles se cassent net, et offrent dans leur cassure un état vitreux ; elles se conservent ainsi dans tous les climats des temps infinis, sans s'altérer.

De la cuisson des Pommes de terre.

Cette opération, exécutée ordinairement à grande eau dans un vase découvert, enlève aux racines une partie de leur saveur, et leur donne pour l'aspect une qualité inférieure à celles cuites au four ou sous la cendre, à moins qu'au sortir du vase, on ne les expose, comme font ordinairement les Anglais, sur un gril pour en dissiper l'humidité surabondante.

Mais ces moyens de cuisson, toujours embarrassans pour une petite quantité, et souvent impraticables en grand, ne sauraient être indiqués pour toutes les classes ; il est préférable de les mettre dans un vase avec un peu d'eau, qui, réduite en vapeur, échauffe tous les points ; il vaudrait mieux que la vapeur elle-même opérât immédiatement. Pour cet effet, on a une marmite dans laquelle on met de l'eau, et au-dessus une passoire en fer-blanc, garnie de deux mains recourbées intérieurement : cette passoire contiendra les pommes de terre ; la marmite sera bien fermée par un couvercle et mise sur un fourneau. L'eau entrant bientôt en ébullition, les pommes de terre se trouvent plongées dans un nuage brûlant, sont échauffées de tous côtés, leurs parties constituantes se réunissent insensiblement, acquièrent de la mollesse et de la flexibilité, d'où résulte ce qu'on nomme la cuisson, pendant laquelle il ne s'est évaporé qu'un peu d'humidité qui tourne au profit de la saveur.

Pommes de terre cuites sous la cendre, ou au four d'un poêle.

Il est à présumer que ce fut la première manière dont on les apprêta ; la recette n'est pas difficile. Cette manière a un avantage précieux, c'est de conserver à la pomme de terre un goût très-agréable. Si vos pommes de terre sont trop grosses, vous pouvez les faire cuire à demi dans l'eau et les rachever dans l'âtre.

Celles cuites au four d'un poêle sont aussi très-agréables à manger ; mais la peau ne pouvant alors se détacher, la vertu somnifère qui s'y trouve agit d'une manière très-incommode et souvent très-nuisible.

Pommes de terre cuites à la flamande.

Mettez vos pommes de terre, sans eau, dans un pot bien couvert, sur le feu et non pas devant, mais sur un feu doux, en ayant soin de les remuer souvent, sans lever le couvercle, parce qu'il faut éviter de laisser évaporer l'humidité que la chaleur fait sortir des pommes de terre. Cuites, on les pèle pendant qu'elles sont chaudes, après quoi on peut leur donner tel assaisonnement que l'on jugera convenable.

Potage aux Pommes de terre.

Pelez les pommes de terre, mettez-les cuire dans de l'eau jusqu'à ce qu'elles soient en purée, passez-les dans une passoire, fricassez la purée avec du beurre, du persil, de la ciboule hachés, du sel et du poivre : mouillez avec l'eau dans laquelle ont cuit les pommes de terre, ce qui fera le bouillon de votre soupe que vous tremperez avec du pain, comme à l'ordinaire.

Pommes de terre au sel et au beurre.

Faites-les simplement cuire dans de l'eau ou sous la cendre; après en avoir levé la peau, mangez-les chaudes avec un grain de sel. Les gourmets y ajoutent un peu de beurre frais, ce qui les rend beaucoup plus délicates.

Pommes de terre en salade.

Vos pommes de terre cuites à l'eau, pelez-les, coupez-les par tranches, assaisonnez-les de sel, poivre, fines herbes, huile et vinaigre. Après les avoir tournées doucement avec une cuiller, servez-les. Cette salade se mange indifféremment chaude ou froide.

Pommes de terre en salade aux betteraves et aux cornichons.

Vos pommes de terre cuites à l'eau, assaisonnez-les, comme au précédent article, de sel, poivre, huile et vinaigre; ajoutez-y des betteraves jaunes, coupées en lames, et des cornichons coupés par tranches.

Pommes de terre à la sausse blanche.

Vos pommes étant cuites, pelez-les dans leur plus grande chaleur possible, coupez-les bien proprement, ensuite arrangez-les sur un plat, et versez dessus une sauce blanche, composée de la manière suivante:

Mettez dans une casserole gros comme un œuf de beurre, que vous mêlez avec une pincée de farine de pommes de terre; délayez avec un verre de bouillon, sel et poivre; faites lier sur le feu, et versez votre sauce sur vos pommes de terre au moment de servir.

Vous pouvez y ajouter à volonté un anchois haché et des câpres fines.

Pommes de terre au blanc.

Vos Pommes de terre, cuites, pelées et coupées, mettez-les dans une casserole, avec du persil et ciboule hachés; faites-les revenir un peu de temps, et mouillez-les bien avec du lait avant de les servir.

Pommes de terre en matelote.

Faites cuire les pommes de terre, pelez-les et coupez-les par tranches, mettez-les dans une casserole avec du beurre, du sel, du poivre, du persil et de la ciboule bien hachés, un peu de farine; mouillez-les ensuite avec du bouillon, gras ou maigre, un verre de bon vin, plus ou moins, suivant la quantité de vos pommes; servez-les à courte sauce.

Pommes de terre à la Provençale.

Les pommes de terre cuites dans de l'eau et du sel, coupez-les en lames un peu épaisses, et mettez-les dans une casserole avec de la bonne huile, persil, ciboule et ail, le tout haché bien menu; ajoutez-y sel, gros poivre et le jus d'un citron; à défaut de jus de citron, versez-y un filet de vinaigre: faites-les chauffer et servez. On peut couronner ce plat de quelques anchois qui auront été préalablement un peu dessalés.

Pommes de terre à la Parisienne.

Pelez vos pommes de terre, faites-les cuire dans de l'eau et du sel; après les avoir laissé ressuyer, mettez-les en pâte dans une casserole, avec du beurre, gros comme un œuf, plein une cuiller à café d'eau de fleur d'orange, un peu de sel et un bon demi-septier d'eau; faites bouillir le tout ensemble un moment, faites une pâte bien liée et bien épaisse, en remuant toujours jusqu'à ce qu'elle s'attache à la casserole; pour lors, mettez-la promptement dans une casserole, délayez-y quelques œufs jusqu'à ce que la pâte devienne molle sans être claire; faites des petits tas de pâte de la grosseur d'une noix, mettez-les dans la friture plus qu'à moitié chaude, en remuant sans cesse; quand ils sont bien montés et de belle couleur, servez-les chaudement après les avoir saupoudrés de sucre fin.

Pommes de terre à la Barigoulle.

Il faut prendre des pommes de terre d'une moyenne grosseur, les peler crues, les mettre dans du bouillon gras ou maigre et de l'eau, deux cuillerées de bonne huile, un peu de sel et de poivre, un oignon, des racines, un bouquet garni; faites-les cuire, et réduire entièrement la sauce; quand elles seront cuites et qu'il n'y aura plus de sauce, laissez-les frire un moment dans l'huile; quand elles seront grillées d'une belle couleur, servez-les avec une sauce à l'huile, vinaigre, sel et gros poivre.

Pommes de terre à la morue.

Pelez des pommes de terre et mettez-les cuire dans l'eau; lorsqu'elles seront aux trois quarts cuites, mettez-y un morceau de morue crête, entre deux, ou queue; lorsque la morue sera cuite, mettez-la égoutter, ainsi que les pommes de terre; dressez la morue sur le plat que vous devez servir et les pommes autour; si elles sont trop grosses, vous les couperez en deux; mettez un morceau de beurre, persil, ciboule, échalottes hachés, un peu de verjus ou vinaigre, du gros poivre; mettez le plat sur le feu et le remuez souvent, et servez-les bien chaudes.

Pommes de terre en boulettes.

Vos pommes de terre cuites et pelées, écrasez-les bien avec une cuiller de bois, faites un hachis des débris de viande que vous pouvez avoir, bouillie ou rôtie; mettez-y un peu de beurre, sel, poivre, persil, ciboule, échalottes hachés, un ou deux œufs; prenez de vos pommes de terre en aussi grande quantité que vous avez de viande hachée, mêlez le tout ensemble, formez-en des boulettes de moyenne grosseur, que vous trempez dans un peu de blancs d'œufs que vous aurez réservé de ceux que vous avez mis de dans; roulez-les ensuite dans la farine et faites-les frire, servez-les alors garnies de persil. On peut, si l'on veut, substituer au persil une sauce à son goût.

Pommes de terre au lard.

Faites un coulis avec du beurre et de la farine que vous laissez bien roussir; mettez-y du poivre, un bouquet de persil, ciboule avec du lard gras et maigre; lorsqu'il est à moitié cuit, mettez-y vos pommes de terre après les avoir pelées et coupées. Quand elles sont cuites, dégraissez et servez.

Pommes de terre à la maître-d'hôtel.

Après avoir fait cuire vos pommes de terre dans de l'eau, coupez-les en tranches, mettez-les dans une casserole avec un bon morceau de beurre, du sel et du gros poivre; placez-les sur le feu, ayant soin de les sauter de temps en temps; cette opération finie, faites une sauce à la maître-d'hôtel comme il suit:

Mettez un quarteron de beurre, plus ou moins, selon la quantité de vos pommes de terre, dans une casserole, avec du persil et des échalottes hachées très-menues, du sel, du poivre et un jus de citron: pétrissez le tout ensemble; au moment de servir, vous versez cette sauce sur vos pommes de terre.

Pommes de terre aux champignons.

Ayez des pommes de terre violettes ; après les avoir fait cuire dans de l'eau et du sel, mettez-les dans une casserole avec de la ciboule, des champignons, de l'échalotte, le tout haché, un bon morceau de beurre, passez-les sur le feu ; ajoutez-y une pincée de farine mouillée de bouillon, sel, gros poivre ; faites cuire et bien réduire la sauce, mettez une liaison de deux jaunes d'œufs délayés avec du verjus, ou du vinaigre, ou du jus de citron.

Pommes de terre à la crême.

Mettez un morceau de beurre dans une casserole, plein une cuiller à bouche de farine, sel, gros poivre ; mêlez le tout ensemble ; versez-y un verre de crême, placez votre sauce sur le feu, et tournez-la jusqu'à ce qu'elle bouille ; coupez vos pommes de terre en tranches, préalablement cuites dans de l'eau et du sel ; mettez-les ensuite dans votre sauce, ayant soin de les servir bien chaudes.

Pommes de terre frites.

Faites une pâte avec de la farine de pommes de terre ou avec de la farine de froment, deux œufs délayés avec de l'eau, mettez-y une cuillerée d'huile, une cuillerée d'eau-de-vie, sel et poivre; battez bien votre pâte pour qu'il n'y ait pas de grumeaux; pelez des pommes de terre crues, coupez-les par tranches minces; trempez-les dans cette pâte, et faites-les frire de belle couleur: avant de les servir sur table, saupoudrez-les de sel blanc.

Pommes de terre frites à la Hollandaise.

Vos pommes de terre cuites à l'eau et au sel, pelez-les, écrasez-les, et faites une purée que vous aurez soin de passer; assaisonnez-la de sel, poivre et fines herbes; mouillez-la d'un coulis au jus. Cette purée doit être fort épaisse; formez-en des boulettes que vous trempez dans de l'œuf battu; faites-les frire et servez-les avec du persil haché frit dessus.

Pommes de terre frites à la sybarite.

Vos pommes de terre manipulées comme dans l'article précédent, faites-en une purée; lorsqu'elle est passée, mettez-y de bonne crême, du sel, un peu de sucre; faites vos boulettes comme ci-dessus, et mettez-les dans une pâte, et faites-les frire de belle couleur.

Pommes de terre à la Nanette.

Faites un roux de belle couleur avec du beurre et de la farine; mouillez-le avec du bouillon gras ou du bouillon de racines; mettez-y des pommes de terre que vous pelez sans les faire cuire; il faut les couper par morceaux un peu minces : mettez-y du sel, du poivre, un bouquet de persil et ciboule. Cuites, vous pouvez les servir telles qu'elles sont, ou mettre dessus telle viande rôtie que vous voudrez.

Pommes de terre à l'Allemande.

Faites cuire les pommes de terre, pelez-les et coupez-les par tranches; coupez aussi du pain en petits morceaux minces et carrés; faites frire le tout dans du beurre; faites ensuite une bouillie très-claire, avec de la farine de pommes de terre et du lait, mêlez-y un ou deux jaunes d'œufs, du sel; versez-la dans le plat où vous avez dressé votre friture; si vous voulez y donner de la couleur, mettez du sucre en poudre par-dessus et le couvercle de la tourtière.

Pommes de terre à la Lyonnaise.

Prenez des pommes de terre violettes que vous faites cuire selon la méthode indiquée; pelez-les et coupez-les par tranches; versez ensuite dessus une sauce que vous faites de la manière suivante. Mettez dans une casserole de l'huile et du beurre, du gros poivre, un peu d'échalottes et de sel; posez-la sur un fourneau, et remuez sans cesse jusqu'à ce que le beurre soit lié avec l'huile. Cette sauce doit être servie de suite, parce qu'en refroidissant, elle se tourne.

Ragoût aux Pommes de terre.

Ayez de bonnes pommes de terre, faites-les cuire à moitié, pelez-les, et après les avoir coupées en lames, mettez-les dans une casserole avec un bon morceau de beurre, sur un feu doux; mouillez-les ensuite avec un demi-verre de vin de Chablis, et deux cuillerées d'espagnole réduite; achevez de les faire cuire sur un feu doux; dégraissez ensuite votre sauce, et finissez-la avec un morceau de beurre.

Pommes de terre sur le gril.

Prenez des pommes de terre les plus grosses possibles, faites-les cuire suivant les procédés que nous avons indiqués, pelez-les, et coupez-les en deux ou trois; mettez-les sur le gril et dessus un feu doux; elles deviendront croquantes. Pour leur donner plus de goût et de délicatesse, arrosez-les d'un peu d'huile vierge, et mettez-y un peu de sel.

Pommes de terre au beurre noir.

Prenez de bonnes pommes de terre, faites-les cuire suivant la méthode indiquée; pelez-les ensuite; coupez-les en morceaux que vous arrangez sur un plat; faites frire du persil en feuilles que vous mettez autour de vos pommes de terre, que vous masquez avec une sauce au beurre noir. (Voyez *Sauce au beurre noir*.)

Pommes de terre à la duchesse.

Ayez des pommes de terre violettes, faites-les cuire dans de l'eau de sel, avec un bouquet de sariette; pelez-les, et après les avoir coupées en morceaux, mettez-les dans une casserole, avec quatre ou cinq cuillerées de sauce tournée réduite, trois jaunes d'œuf et un peu de sel; ajoutez-y un bon morceau de beurre, et liez à tour de bras.

Pommes de terre à la poêle.

Vos pommes de terre cuites, pelées et coupées minces, mettez-les dans une poêle avec très-peu de beurre ou de graisse; retournez-les jusqu'à ce qu'elles soient bien colorées; servez-les sans sauce. Vous pouvez en garnir des plats d'épinards, de hachis de viande et de mirotons.

Pommes de terre à la Polonaise.

Mettez des pommes de terre toutes brutes dans une eau de rivière, avec deux gros oignons coupés en quatre, du thym, du laurier, du basilic, quelques clous de girofle, sel, gros poivre et un peu de beurre; laissez-les cuire jusqu'à ce qu'elles enfoncent sous le doigt; jetez-les ensuite dans une passoire pour les égoutter; pelez-les pendant qu'elles sont chaudes, coupez-les seulement en deux ou trois, et versez dessus une sauce blanche, dans laquelle vous pouvez mettre des câpres.

Pommes de terre à la maîtresse de maison.

Lavez bien les pommes de terre, que vous choisirez de la meilleure qualité; faites-les cuire dans le pot-au-feu, mais ne les y mettez que lorsque le bouillon est fait. Il faut avoir soin de les retirer sitôt qu'elles sont cuites, parce qu'il faut éviter qu'elles ne crèvent; n'en mettez pas une trop grande quantité, parce que cela ôterait la force du bouillon : servez-les bien chaudes avec du beurre frais que l'on ne met dedans que sur table, en les mangeant avec du sel.

Pommes de terre aux câpres et anchois.

Vos pommes de terre cuites, selon les procédés que nous avons indiqués, pelez-les, coupez-les en morceaux, arrangez-les sur un plat, et versez dessus une sauce aux câpres et anchois. (Voyez *page* 164.)

Pommes de terre au verjus.

Vos pommes de terre cuites, pelées, coupées en lames, et arrangées sur un plat, mettez dans une casserole deux cuillerées de verjus, autant de coulis, sel, gros poivre, ciboule, échalottes hachées bien menues; faites en sorte que votre sauce soit bien claire, faites-la chauffer, et versez-la sur vos pommes de terre que vous ferez mijoter quelques minutes.

Pommes de terre en haricot.

Vos pommes de terre à moitié cuites, pelez-les et coupez-les en deux, si elles sont trop grosses pour les laisser entières; mettez-les finir de cuire dans la casserole où cuit votre mouton, et finissez-les comme un haricot aux navets.

Pommes de terre aux oignons.

Faites roussir de l'oignon dans du beurre, coupez des pommes de terre à moitié cuites, et mettez-les finir de cuire avec de l'oignon roussi; mouillez avec du bouillon gras ou maigre.

Pommes de terre sous un gigot.

Choisissez les pommes de terre d'une moyenne grosseur; faites-les cuire et mettez-les dans la lèche-frite assez près du feu pour qu'elles puissent rôtir; elles seront dans la graisse et recevront le jus qui tombe du gigot; vous aurez soin de les tenir bien chaudes, et vous les mettrez sur le plat autour du gigot.

Pommes de terre pour farcir des oies et dindons.

Pelez de petites pommes de terre crues; mettez-les cuire dans du jus de viande ou de légumes; lorsqu'elles sont cuites et assaisonnées de bon goût, mettez-les dans la volaille que vous voulez faire rôtir.

Gâteau économique de pommes de terre.

Faites cuire des pommes de terre sous la cendre, épluchez-les, et réduisez-les en pulpe; mettez une livre de cette pulpe dans une grande terrine; ajoutez-y six jaunes d'œuf, quatre onces de sucre en poudre; pétrissez le tout ensemble; mettez-y ensuite le zeste d'un citron râpé, son jus et les six blancs d'œufs; mettez le tout dans une tourtière, un peu graissée avec du beurre, afin que le gâteau ne s'y attache pas.

Pain à la Pomme de terre.

Ceux qui font cuire, peuvent mêler dans leur pain, moitié et même plus de pommes de terre: il suffit de les broyer encore chaudes avec un rouleau de bois, pour les bien mêler avec la pâte, en les pétrissant ensemble.

Nous aurions pu étendre la nomenclature des diverses manières d'accommoder les pommes de terre; mais ne nous étant proposés que de récapituler celles destinées pour la bourgeoisie, nous avons cru devoir nous borner à celles-ci. D'ailleurs le riche a des cuisiniers qui, par leur art, sauront tellement dénaturer les pommes de terre, qu'il ne les reconnaîtra pas.

FIN.

TABLE DES MATIÈRES
CONTENUES DANS CE VOLUME.

Avertissement.	pag. 1
Potages.	
Potage ou soupe au pain.	3
———— *aux choux.*	ibid.
———— *aux carottes nouvelles.*	4
———— *à la citrouille.*	ibid.
Soupe à l'oignon.	5
Potage aux petits oignons blancs.	ibid.
Julienne.	6
Brunoise.	ibid.
Potage à la Jardinière.	ibid.
———— *aux herbes, maigre.*	7
———— *au riz.*	ibid.
———— *au vermicelle.*	ibid.
Vermicelle au lait.	8
Potage à l'eau.	ibid.
———— *à la française.*	ibid.
———— *aux navets.*	9
———— *à la purée de lentilles.*	ibid.
———— *à la semoulle.*	ibid.
Panade.	10

DE LA DISSECTION DES VIANDES, OU DE L'ART DE DÉCOUPER.

De la dissection du bœuf.	11
———————— *du veau.*	ibid.

De la dissection du mouton. pag. 12
——— du cochon. 13
——— du cochon de lait. ibid.
——— de l'agneau et du chevreau. ibid.
——— de la volaille et du gibier. 14
Du bœuf.
Bœuf bouilli. 16
——— en miroton. 17
——— à la mode. ibid.
Filet de bœuf piqué à la broche. 18
Hachis de bœuf à la française. ibid.
Langue de bœuf en paupiettes. ibid.
Pièce de bœuf garnie de choux. 19
Terrine à la paysanne. ibid.
De la culotte de bœuf. 20
Culotte de bœuf au four. ibid.
Bœuf à l'écarlate. 21
Palais de bœuf en blanquette. ibid.
Noix de bœuf à la bourgeoise. ibid.
De la tranche de bœuf. 22
Cœur de bœuf à la poivrade. ibid.
Queue de bœuf en hochepot. ibid.
Langue de bœuf aux cornichons. 23
Poitrine de bœuf au naturel. ibid.
Entre-côte de bœuf au jus. ibid.
Gras-double à la bourgeoise. 24
——— à la sauce Robert. ibid.
Rognon de bœuf à la Parisienne. ibid.
Du veau.
Tête de veau au naturel. 25

Fraise de veau à la française.	pag. 25
Foie de veau à la bourgeoise.	26
Du riz de veau.	
—————— *piqué.*	27
—————— *aux fines herbes.*	ibid.
Epaule de veau rôtie.	ibid.
Cervelle de veau en marinade.	28.
——————————— *au beurre noir.*	ibid.
Langues de veau à la sauce piquante.	29
Fricandeau.	ibid.
Oreilles de veau à l'italienne.	30
Côtelettes en papillottes.	ibid.
Poitrine de veau farcie.	31
Du carré de veau.	
——————————— *à la bourgeoise.*	ibid.
Casis de veau à la bourgeoise.	32
Blanquette de veau.	ibid.
Longue de veau à la broche.	ibid.
Pieds de veau à la Sainte-Menehould.	33
——————— *frits.*	ibid.
Tendons de veau en haricots.	ibid.
Queues de veau aux choux.	34
Côtelettes grillées panées.	ibid.
Du mouton.	
Haricot de mouton à la cosmopolite.	35
Gigot de mouton à l'eau.	36
——————————— *à la gasconne.*	ibid.
Rosbif de mouton à l'anglaise.	37
Carré de mouton.	ibid.
——— *en côtelette.*	ibid.
——— *à la poivrade.*	ibid.

Pieds de mouton à la Ste.-Menehould. pag.	38
—————— *à la poulette.*	ibid.
Hachis de mouton à la bourgeoise.	39
Epaule de mouton à la Ste.-Menehould.	ibid.
Côtelettes de mouton grillées panées.	40
Filets de mouton grillés aux pommes de terre.	ibid.
——————— *en chevreuil.*	ibid.
Cervelles de mouton.	41
Rognons de mouton.	ibid.
Langues de mouton en papillottes.	ibid.
———————— *braisées.*	ibid.
Poitrine de mouton braisée.	42
———— *à la Sainte-Menehould.*	ibid.
De l'agneau.	
Quartier d'agneau.	43
Tranches d'agneau de ferme.	44
Rosbif d'agneau à l'anglaise.	ibid.
Filets d'agneau en blanquette.	45
Oreilles d'agneau à l'oseille.	ibid.
Issues d'agneau à la bourgeoise.	46
Ris d'agneau à l'anglaise.	ibid.
Têtes d'agneau de plusieurs façons.	47
Du cochon et du cochon de lait.	
Côtelettes de cochon sur le gril.	48
———— *de porc frais en ragoût.*	ibid.
Oreilles, langues et pieds de cochon.	ibid.
Tête de cochon en hure.	49
Pieds de cochon à la Sainte-Menehould.	ibid.
Rognons de cochon au vin de Champagne.	50
Grosse pièce.	ibid.

Echinée de cochon.	pag. 50
Filets mignons.	51
Cochon de lait rôti.	ibid.
Cochon de lait farci.	52

INSTRUCTIONS POUR TROUSSER LA VOLAILLE ET LE GIBIER.

Pour trousser les poulets.	53
—————— les poules, poulardes et chapons.	54
—————— les dindons.	55
—————— les dindonneaux.	56
—————— les oies et les canards.	57
Pour trousser le lièvre ou autre gibier.	ibid.
—————— les faisans, les perdrix.	59
—————— les bécasses, bécassines.	ibid.
—————— les oiseaux sauvages.	60
—————— les pigeons.	61
—————— les mauviettes.	ibid.
De la volaille.	
Poulet à la broche.	62
——— à la tartare.	ibid.
——— aux petits pois.	63
Fricassée de poulets.	ibid.
Poulets à la Sainte-Menehould.	64
——— à la poêle.	ibid.
De la poularde.	
Poularde à la Montmorency.	65
Chapon rôti.	ibid.
——— au riz.	ibid.
Du dindon.	
Abattis de dindon à la bourgeoise.	66

Dindon à la daube. pag. 66
—— à la bourgeoise. 67
Jeune dinde à la broche. ibid.
De l'oie.
Oie à la daube. 68
Du canard et du canneton.
Canard aux navets. 69
—— à l'italienne. ibid.
Des pigeons.
Pigeons à la bourgeoise. 70
—— à la broche. ibid.
—— en compote ibid.
—— à la crapaudine. 71
Du gibier.
Lièvre et levraut rôtis. 72
Civet de lièvre. ibid.
Lapin et lapereau rôtis. 73
Lapin en fricassée de poulets. ibid.
—— en gibelotte. ibid.
—— en matelote. 74
Lapereaux au gîte. ibid.
Faisans et faisandeaux rôtis. ibid.
Canards sauvages rôtis. 75
Sarcelles en entrée de broche. ibid.
Alouettes ou mauviettes rôties. 76
—— en salmis à la bourgeoise. ibid.
Ramiers et ramereaux rôtis. ibid.
Perdrix et perdreaux rôtis. 77
Perdrix aux choux. ibid.
Bécasses, bécassines rôties. 78
Salmis de bécasses. 79
Cailles et cailletons rôtis. ibid.

TABLE.

Ortolans rôtis.	pag. 79
Rouges-gorges et vanneaux rôtis.	ibid.
Grives rôties.	80
Pluviers rôtis.	ibid.
Sanglier, comment l'accommoder.	ibid.
Chevreuil, comment l'accommoder.	ibid.
Quartier de chevreuil.	81
Poissons d'eau douce.	
Brochet au court bouillon.	82
—— à l'étuvée.	ibid.
Anguille à la broche.	83
—— à la poulette.	ibid.
—— à la tartare.	84
Carpe.	
Carpe au bleu.	ibid.
—— grillée sauce aux câpres.	85
Matelote.	ibid.
Truite commune et saumonée.	86
—— au court bouillon.	ibid.
Perche, comment l'accommoder.	ibid.
Tanche à l'étuvée.	87
—— à la poulette.	ibid.
—— frite.	ibid.
Lotte ou barbotte, comment l'accommoder.	88
Lamproie, idem.	ibid.
Barbillon, meûnier, goujon et brême.	ibid.
—— sur le gril.	ibid.
Etuvée de goujons.	89
Goujons frits.	ibid.
Ecrevisses, comment les accommoder.	ibid.
Grenouilles en fricassée de poulets.	90
Turbot au court bouillon.	ibid.

TABLE.

Turbot en salade.	pag. 91
——— aux câpres.	ibid.
Des poissons de mer et de fleuves.	
Saumon, comment l'accommoder.	93
Saumon au bleu.	ibid.
——— à la remoulade.	ibid.
——— grillé aux câpres.	94
Esturgeon, comment l'accommoder.	ibid.
——— en marinade	ibid.
——— au four.	ibid.
Alose, comment l'accommoder.	95
——— grillée.	ibid.
Cabillaud et morue fraîche, comment l'accommoder.	ibid.
Morue salée, comment l'accommoder.	ibid.
——— à la maître-d'hôtel.	ibid.
Brandade de morue.	ibid.
Morue aux câpres et aux anchois.	97
——— à la provençale.	ibid.
Raie à la bourgeoise.	98
——— au beurre noir.	ibid.
——— à la sauce blanche.	ibid.
Sole, carrelet, plie et barbue aux câpres.	ibid.
Carrelets grillés.	99
Plies, comment les accommoder.	ibid.
Plies grillées, sauce aux câpres.	ibid.
Limandes sur le plat.	ibid.
Eperlans, comment les accommoder.	100
Maquereau et surmulet, idem.	ibid.
——— à la maître-d'hôtel.	ibid.
Thon, comment l'accommoder.	ibid.

TABLE.

Thon à la provençale.	pag. 101
Vive, comment l'accommoder.	ibid.
Rouget, idem.	ibid.
Harengs frais à la bourgeoise.	ibid.
Harengs à la Sainte-Menehould.	102
Sardines à la bourgeoise	ibid.
Merlans, comment les accommoder.	ibid.
——— *frits.*	103
——— *grillés.*	ibid.
Vaudreuil, comment l'accommoder.	ibid.
Thontine, idem.	104
Lubine, idem.	ibid.
Bar, idem.	ibid.
Macreuse, idem	ibid.
Anchois, idem.	105.
——— *frits.*	ibid.
Ecrevisses de mer, homars et crabes.	ibid.
Moules à la poulette.	ibid.
Huîtres, comment les accommoder.	106
Légumes et racines.	
Des pois.	107
Petits pois à la bourgeoise.	ibid.
Pois secs.	ibid.
Pois goulus.	108
Haricots verts.	ibid.
——— *au jus.*	ibid.
——— *secs à la provençale.*	ibid.
——— *blancs nouveaux à la bourgeoise*	109
Lentilles à la maître-d'hôtel.	ibid.
Fèves de marais à la bourgeoise.	110
Choux au petit lard.	ibid.

TABLE.

Choux à la bourgeoise.	pag. 111
Choux-fleurs à la bourgeoise.	ibid.
———————— *en salade.*	112
Persil et ciboules.	ibid.
Panais.	ibid.
Panais à l'anglaise.	ibid.
Carottes à la sauce blanche.	113
———————— *à la flamande.*	ibid.
Cerfeuil, oseille, poirée, bonne-dame.	ibid.
Oignon et petit oignon blanc.	114
Céleri.	ibid.
Navets.	115
Poireau.	ibid.
Laitues pommées et romaines.	ibid.
Chicorée blanche ordinaire.	ibid.
Cardes poirées.	116
Cardons d'Espagne à la française.	ibid.
Salsifis.	117
Artichauts.	ibid.
Asperges ; comment les accommoder.	118
———————— *en petits pois.*	ibid.
Potiron et citrouille.	ibid.
———— *en fricassée.*	119
Concombres.	
———————— *à la crême.*	ibid.
Epinards.	
Epinards à la bourgeoise.	120
Pommes de terre.	
———————————— *à la maître-d'hôtel.*	ibid.
———————————— *à la crême.*	121
———————————— *frites.*	ibid.
Melons.	ibid.
Betteraves.	ibid.

Cornichons.	pag. 122
Champignons, morilles, mousserons.	ibid.
Croûte aux champignons à la provençale.	ibid.
Câpres grosses et fines.	123
Capucines et chia.	ibid.
Truffes, comment les accommoder.	ibid.
—————— à la maréchale.	ibid.
Thym, laurier, basilic, sariette et fenouil.	124
Cresson alénois de fontaine, cerfeuil, estragon, baume, corne de cerf, pimprenelle, etc.	ibid.
Ail, rocambole, échalottes.	125
Œufs.	
Œufs mollets de toutes façons.	126
—————— à la coque.	ibid.
—————— au miroir.	ibid.
Omelette à la bourgeoise.	127
—————— au rognon de veau.	ibid.
—————— aux harengs sores.	ibid.
Œufs au fromage.	128
—————— frits.	ibid.
—————— à l'ail.	ibid.
—————— en peau d'Espagne.	ibid.
—————— à la tripe.	129
—————— brouillés.	ibid.
—————— au gratin.	ibid.
—————— pochés au jus.	130
Omelette soufflée.	ibid.
Œufs à la neige.	131
Sauces.	
Jus.	132

Velouté.	pag. 132
Sauce piquante.	133
——— tomate à la française.	134
——— à l'espagnole.	ibid.
——— blanche aux câpres et anchois.	ibid.
Remoulade.	135
Sauce au verjus.	ibid.
Consommé.	ibid.
Sauce Robert.	136
Rocamboles.	ibid.
Sauce à la maître-d'hôtel.	ibid.
——— à la tartare.	ibid.
——— à la gasconne.	137
——— à la provençale.	ibid.
——— au blanc.	138
Purée de pois verts.	ibid.
——— blanche d'oignons.	139
——— brune d'oignons.	ibid.
Sauce à la ravigotte.	140
——— à la poivrade.	ibid.
——— bachique, verte et piquante.	ibid.
Ragoûts.	
Ragoût aux truffes.	141
——— à la périgourdine.	ibid.
——— de foies gras.	142
——— au salpicon.	ibid.
——— de laitances.	143
——— de choux.	ibid.
——— de farce.	ibid.
Pâtisserie.	
Pâtes pour les gros pâtés.	144
——— feuilletée.	ibid.

TABLE.

Pâte ferme	pag. 145
——— *pour les flancs.*	ibid.
——— *pour les tartes.*	ibid.
——— *croustillante pour les tartes.*	ibid.
——— *brisée pour les tourtes.*	146
Tourte de gibier.	147
——— *de godiveau.*	148
——— *de langue de bœuf.*	149
——— *de poissons en gras.*	
——— *maigre en poissons.*	ibid.
Pâté chaud de ce que l'on veut.	150
——— *froid.*	ibid.
——— *au naturel.*	151
Pâte croquante.	152
Gâteau d'amandes.	ibid.
——— *de riz.*	ibid.
Tartelettes.	153
Brioches.	ibid.
Tarte aux pommes.	154
Des gaufres.	155
Ramequin.	156
Office.	
Compotes.	ibid.
——— *de pommes à la bourgeoise.*	157
——— *à la portugaise.*	ibid.
——— *de poires de martin sec ou de messire-jean.*	ibid.
——— *de bon chrétien, de doyenné, de St-Germain, et autres.*	158
——— *de rousselet et de blanquette.*	ibid.
——— *de pêches.*	ibid.

Compote de prunes de reine-claude, de
  mirabelle, et autres. pag. 159
————— de cerises. ibid.
————— de fraises. ibid.
————— de groseilles. ibid.
————— de framboises. 160
————— d'abricots. ibid.
————— d'abricots verts. ibid.

Des beignets.
Beignets de pommes. 161
————— de pêches. 162
————— à la crème. ibid.

Des crèmes.
Crème blanche au naturel. ibid.
——— à la frangipane. 163
——— à la vanille, à la fleur d'orange,
  au citron, au thé, etc. ibid.
——— au café. ibid.
——— au chocolat. 164
——— au caramel. ibid.

Confitures.
Confiture de cerises. 165
————— de groseilles. 166
————— d'abricots. ibid.
————— de mirabelle. 167
————— de prunes de reine-claude. 168
————— de la bonne ménagère. ibid.
————— de poires de messire-jean. ibid.
————————— de rousselet. 169
————— d'épine-vinette. ibid.
————— de verjus. 170
————— de raisin. ibid.
————————— muscat en grains. ibid.

TABLE.

Gelée de pommes.	pag. 171
Pâte d'abricots.	172
——— de prunes.	ibid.
——— de pommes.	173
Cerises sèches.	ibid.
Table de huit couverts.	174
——— de douze couverts.	175
——— de seize couverts.	176
——— de vingt couverts.	177
Laiterie.	
De la manière de faire le beurre, le fromage, la présure, etc. etc.	183
——— de faire le beurre.	ibid.
——— fondu.	184
——— salé à demi-sel.	185
Manière de faire le fromage en général.	ibid.
——— de faire de bonne présure.	186
Fromage à la crême.	187
——— à la sauge.	188
——— au souci.	ibid.
——— imitant le cheschire.	189
Manière d'élever, de nourrir et de soigner la volaille.	190
Poulets hâtifs ou poulets de Pâques.	192
Des canards.	194
Des oies.	195
Des dindons.	ibid.
Des pigeons.	197
Des lapins.	198
Des œufs et de la manière de les conserver.	
Manière de conserver les œufs qui doivent être employés pour les sauces, ou se manger fricassés.	199

Moyen de conserver les œufs plusieurs mois, de manière qu'ils soient aussi bons que des œufs frais. pag. 199
Manière d'avoir des œufs frais pendant les plus grands froids et les hivers les plus longs. 200
Recettes pour conserver les légumes et graines.
Recette pour conserver les artichauts. 201
—————— pour conserver la chicorée. ibid.
—————— pour conserver l'oseille. 202
—————— pour conserver les concombres. 203
—————— pour conserver les cardes poirées. ibid.
—————— pour conserver les haricots verts pour l'hiver. ibid.
Autre recette. 204
Recette pour conserver les choux. ibid.
—————— pour conserver les asperges. 205
Des ratafias.
Ratafia de cerises. ibid.
—————— d'abricots. 206
—————— de framboises. ibid.
—————— d'anis. 207
—————— de fleurs d'orange. ibid.
—————— de noix. 208
—————— de noyaux d'abricots. ibid.
—————— de coings. ibid.
—————— de genièvre. 209
Extrait de genièvre. ibid.
Kirschen-waser économique. 210
Recette pour faire le vespetro. ibid.
Hydromel blanc. 211
—————— de noix. 212

TABLE.

Hydromel de primevère.	pag. 212
Vin économique.	213
—— de mûres sauvages.	ibid.
Piquette économique.	214
Manière de faire la limonade.	215
Marinades de légumes, de plantes et de fruits.	
Concombres marinés.	216
Tranches de concombres marinées.	217
Noix blanches marinées.	ibid.
—— vertes marinées.	218
—— noires marinées.	220
Oignons marinés.	ibid.
—— marinés à l'anglaise.	221
Haricots verts marinés.	ibid.
Chou rouge mariné.	222
Cornichons marinés.	ibid.
Pêches ou abricots marinés.	223
Asperges marinées.	224
Champignons blancs marinés.	225
—— bruns marinés.	ibid.
Choux-fleurs marinés.	226
Betteraves rouges marinées.	ibid.
Pommes aigres marinées.	227
Epine-vinette marinée.	ibid.
Culs d'artichauts marinés.	ibid.
Catchup de noix.	228
—— de champignons.	ibid.
Des sirops.	
Sirop violat.	229
—— de cerises.	230
—— d'abricots.	231

Sirop de mûres.	pag. 231
—— *de verjus.*	232
—— *de coings.*	233
—— *de guimauve.*	ibid.
—— *de citron.*	234
—— *de fleurs de pêches.*	ibid.
—— *de pommes.*	235
—— *de capillaire.*	ibid.
—— *d'orgeat.*	236
—— *de coquelicot.*	237
—— *de choux rouges.*	ibid.
Des conserves.	
Conserve de violettes.	238
—— *de groseilles.*	239
—— *de framboises.*	ibid.
—— *de cerises.*	240
—— *de fleurs d'orange.*	ibid.
—— *d'abricots.*	241
—— *de pêches.*	ibid.
—— *de verjus.*	ibid.
—— *de guimauve.*	242
—— *de raisins.*	ibid.
—— *d'oranges.*	243
—— *de café et de chocolat.*	ibid.
Cerises confites à l'eau-de-vie.	244
Abricots confits.	ibid.
Pêches confites.	ibid.
Raisins secs.	ibid.
Prunes de Damas au sec.	245
Pêches au sec.	ibid.
Abricots au sec.	246
Prunes au sec.	ibid.
Poires séchées à la façon de Reims.	247

TABLE.

Pommes tapées. pag. 248
Poires tapées. ibid.
Vinaigre printannier. 249
Recette pour faire du vinaigre rouge. ibid.
────── pour faire du vinaigre blanc. 250
Vinaigre à l'estragon. ibid.
────── rosat. ibid.
Oignons confits au vinaigre. 251
Recettes diverses.
Pâte sèche, propre à être mangée en soupe ou en macaroni. ibid.
Manière de faire la fécule de pommes de terre. 252
Nouvelle manière de faire les cornichons. 253
Manière de clarifier le miel. ibid
────── de conserver les pommes vertes toute l'année. 254
────── de préparer les pommes de reinette pour leur donner le goût d'ananas. 255
Mémoires de comptabilité domestique. 256

LA CUISINIÈRE ÉCONOMIQUE.

De la pomme de terre. 265
Des diverses qualités. ibid.
De la conservation des pommes de terre. 267
De la cuisson des pommes de terre. 268
Pommes de terre cuites sous la cendre, ou au four d'un poêle. 269
Pommes de terre cuites à la flamande. 270
Potage aux pommes de terre. ibid.
Pommes de terre au sel et au beurre. ibid.

Pommes de terre en salade. pag. 271
——————— en salade, aux betteraves et aux cornichons. ibid.
Pommes de terre à la sauce blanche. ibid.
——————— au blanc. 272
——————— en matelote. ibid.
——————— à la provençale. ibid.
——————— à la parisienne. 273
——————— à la barigoulle. ibid.
——————— à la morue. 274
——————— en boulettes. ibid.
——————— au lard. 275
——————— à la maître-d'hôtel. ibid.
——————— aux champignons. 276
——————— à la créme. ibid.
——————— frites. ibid.
——————— frites à la hollandaise. 277
——————— frites à la sybarite. ibid.
——————— à la Nanette. ibid.
——————— à l'allemande. 278
——————— à la lyonnaise. ibid.
Ragoût aux pommes de terre. 279
Pommes de terre sur le gril. ibid.
——————— au beurre noir. ibid.
——————— à la duchesse. 280
——————— à la poêle. ibid.
——————— à la polonaise. ibid.
——————— à la maîtresse de 281
maison.
——————— aux câpres et anchois. ibid.
——————— au verjus. ibid.
——————— en haricot. 282

Pommes de terre aux oignons. pag. 282
——————————— sous un gigot. ibid.
——————————— pour farcir des oies et
        dindons. 283
Gâteau économique de pommes de terre. ibid.
Pain de pomme de terre. ibid.

FIN DE LA TABLE.

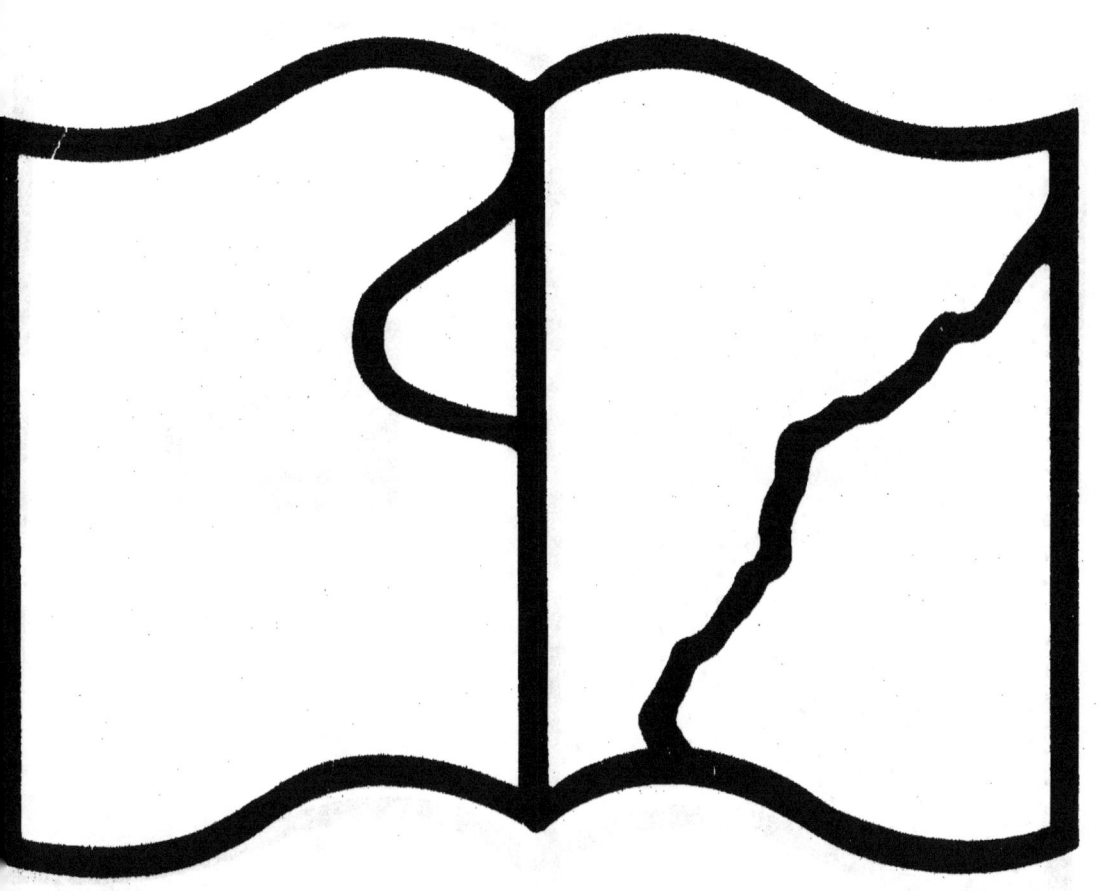

Texte détérioré — reliure défectueuse
NF Z 43-120-11

Contraste insuffisant

NF Z 43-120-14

www.ingramcontent.com/pod-product-compliance
Lightning Source LLC
Chambersburg PA
CBHW071506160426
43196CB00010B/1441